Kaamelott, Livre I
Première partie

ALEXANDRE
ASTIER

Livre I, première partie
Épisodes 1 à 50

*Ces textes sont les scripts originaux destinés,
lors du tournage de la première saison,
aux acteurs et aux techniciens de Kaamelott.
Toutes les modifications de dernière minute apportées
à ces textes sur le plateau (changements de réplique, de
décor, de personnage, coupes diverses, improvisations…)
n'apparaissent pas dans cet ouvrage.*

Sommaire

Avant-Propos

Encore du papier…

Un logiciel d'écriture de scénario assez célèbre – dont je tairai le nom et que je n'utilise plus aujourd'hui – prétend formater votre texte à raison d'une minute par page.

Vous voulez un film de cent vingt minutes? Grattez cent vingt pages et c'est bon. Et si en plus votre acte 2 commence page 31 et votre acte 3 page 91, ça veut dire que vous avez découpé votre structure de rédemption (la seule tolérable) en un quart – deux quarts – un quart et vous êtes bon pour Hollywood. Moi je dis ça, c'est pour vous… parce que dans la réclame, ils disent que les *script doctors* chargés de lire les scripts à Hollywood commencent toujours par la page de fin, et que s'il y a marqué autre chose que « 120 », votre script passe direct à la corbeille.

Moi, quand j'utilisais ce machin, chaque page me faisait quarante secondes, en moyenne. Mais comment ce faisait-ce, bon sang de nom de bi? Comment avais-je pu berner un *american professional scripting software*? Eux, ils écrivent sur du papier format U.S. letter, c'est plus large et moins long que du A4. Ça viendrait de ça?

Non. Ça vient que *Kaamelott*, surtout les premières saisons, c'est que du dialogue.

J'explique. Quand vous avez la politesse de mettre un peu d'action muette dans vos films américains, vous rédigez de jolies didascalies : « John entre dans la cabane de son père et reste quelques minutes pétrifié par ses souvenirs. Puis, regardant le village désert par le carreau de la fenêtre, il décide de rédiger une lettre à Jenny. Au dehors, le Marshall Hudson lâche un pet. » Et ça, ça fait beaucoup de secondes à l'écran pour pas beaucoup de lignes sur le papier. Mais quand – comme votre serviteur pour *Kaamelott* – vous faites causer vos mecs assis sur des chaises ou en train de bouffer, la didascalie c'est « Pipo et Molo sont en train de bouffer. » Et tout le reste, c'est les dialogues, et ça prend une place dingue. Le nom du personnage en gros, les dialogues encore plus gros – parce qu'il y en a toujours un ou deux dans le cast qui sont un peu bigleux – et je saute des lignes, et j'aère la page… Résultat : quarante secondes le bout ; beaucoup de papier pour pas beaucoup de temps à l'écran.

Du papier. Des montagnes de papier. Pas très *environment friendly*, la série. Surtout pour retrouver les scripts, à la fin de la journée de tournage, tachés de gras sous les tables de la cantine.

Pas grave, j'ai toujours voulu faire éditer les scripts brut. J'ai toujours eu envie d'avoir ça dans les mains. Un jour peut-être, une étudiante en lettres en tiendra un exemplaire devant ses lunettes, assise au fond du bus… Elle annotera… genre « Oui, très juste ! » dans la marge… Les étudiantes en lettres annotent toujours tous les bouquins avec des « Oui, très juste ! » dans la marge. J'ai jamais compris. Moi, j'étais étudiant en musique, j'ai jamais annoté « Oui, très juste ! » sur le score du *Requiem* de Fauré… ou « efficace mais cul-cul » sur la *Flûte Enchantée*… ou « le Fridolin n'est finalement pas si bourrin que ça » sur les *Variations Goldberg*…

Vous, si vous voulez annoter ce bouquin, on vous a laissé une marge. Vous pouvez mettre ce que vous voulez. Et si en plus vous êtes assis au fond d'un bus avec des lunettes, vous aurez l'air d'une étudiante. Ce qui vous vient… mettons : « Bon sang mais ce texte est proprement renversant ; on me l'avait dit mais m'en rendre compte par moi-même est simplement vertigineux. » Voilà, mais pas trop long quand même. Allez pas saloper un bouquin tout neuf pour raconter des banalités. Pensez au papier.

Voici la première saison, le Livre I.

Toujours du papier…

Alexandre Astier

« Mon premier outil pour raconter, c'est les dialogues »

Entretien avec Alexandre Astier
autour de l'écriture de *Kaamelott*.

Propos recueillis par Christophe Chabert

Est-ce que tu avais écrit les 100 premiers épisodes de Kaamelott d'un coup ?

De mémoire je crois que j'en avais écrit 70 avant de tourner. Ça me paraît tellement curieux de dire ça alors que je n'avais pratiquement plus d'avance du tout pour les livres 2, 3, 4, 5 et 6 ! Et j'avais une peur bleue des 30 qui restaient au moment de tourner. Peur bleue qui m'a abandonné depuis…

Tu as mis combien de temps pour écrire tout ça ?

L'exercice n'est pas très compliqué, d'autant plus que dans la première saison et dans quelques autres il y a une structure en trois actes avec prégénérique, acte 1, 2, 3. Je l'ai enlevée dans l'édition des textes, mais c'était écrit : « Ouverture », « Acte 1 »… Par exemple, dans la saison 1, il y avait des épisodes qui se passaient dans un décor unique, mais j'ai quand même coupé aux actes, selon des ellipses parfois justifiées, parfois pas tellement. C'est comme dans un feuilleton américain, quand on voit un fondu au noir, eux voient des pubs, nous non. Du coup, l'écriture était très cadrée, avec zéro souci de chronologie.

Le but du jeu étant de présenter les gens et de raconter leur caractère, n'importe quelle idée pouvait marcher. J'aurais pu en écrire 300 d'un coup, il n'y avait aucune volonté de structure, juste l'envie de peindre un monde et des gens dedans.

Y avait-il des contraintes d'écriture? L'utilisation des décors? Le nombre de personnages?

C'est la particularité du truc, effectivement. Pour la première saison, j'ai programmé un Excel, et à partir de la deuxième saison, j'ai rencontré un grand amour de ma vie qui s'appelle FileMaker. Je l'avais appelé « Write Robot », c'était comme un R2D2 à côté de moi : je l'allumais et il me disait quoi faire, avec qui et où. Il y avait un nombre de jours de tournage, un nombre de décors et un nombre maximum de personnages par jour. Donc la première idée pouvait être débridée : « Perceval et Karadoc dans le couloir ». J'avais une scène d'une minute avec eux. Comme on devait tourner neuf minutes par jour, mathématiquement, eux pouvaient être là dans le couloir pendant huit minutes. Mais je ne savais pas pourquoi, j'attendais! Et des fois, je me retrouvais avec un acte pas bouclé d'un épisode, et j'avais toujours Perceval et Karadoc dans le couloir. C'était la base de données qui m'aidait à gérer tout ça. Du coup, j'avais des vases, et je remplissais mes vases jusqu'à ce que tout soit écrit.

Avec ces contraintes, tu arrivais quand même à conserver tes idées en l'état?

Je me suis rendu compte que j'étais hyper souple. Même aujourd'hui, lors de l'écriture de la saison 6, si on me dit : « Demain, tu n'as plus la Reine… » ou « Tu dois tourner entre trois murs plutôt qu'en extérieurs », je me débrouille toujours pour retomber sur mes pattes. Ce n'est pas vraiment ça qui est important. Évidemment, la première idée, c'est d'équilibrer avec des décors alternant extérieurs/intérieurs, d'alterner petits groupes/grands groupes. Je ne suis pas un réalisateur graphique, à effets. Je mets en scène ce que j'ai envie de raconter, et souvent ce sont des mots. Mon premier outil pour raconter, c'est les dialogues. Et ça, c'est transposable. Des fois, c'est chiant : je voulais un dialogue entre Bohort et Léodagan en pleine forêt, et je me retrouve avec le Père Blaise et Calogrenant dans un couloir. Je n'étais déçu ni par les acteurs, ni par le couloir, mais la forêt, ça avait un sens ; ça donnait des épisodes plus engoncés que prévus. Je suis resté souple avec ça. Cette capacité de modifier l'écriture en fonction de l'économie a permis que la série existe !

Quand tu écris, tu penses d'abord à l'acteur, puis à sa manière de parler, et la combinaison des deux donne le caractère du personnage. Je me trompe ?

Ça a l'air d'être ça. L'acteur, c'est sûr. C'est l'acteur qui m'inspire sa manière de parler, et ça lui donne un caractère. C'est quelque chose auquel je crois : on n'est pas en train de dire ce qu'on est, on est ce qu'on dit. Le langage ce n'est pas de la communication, c'est une identité. C'est le grand fantasme des séries que je n'aime pas, qui font mal parler leurs personnages : aucun personnage n'est crédible quand il ne parle pas droit. On est incapable d'aimer un personnage qui parle mal, qui ne se définit pas par son langage. Le but, c'est soit d'entendre parler un mec comme j'aime l'entendre parler, soit l'entendre parler comme je ne l'ai jamais entendu parler avant. Mais le premier argument, c'est qu'un acteur prenne du plaisir, et il en prend avec ce qu'il a à dire. Les acteurs ont donné naissance à leurs personnages à travers ce qu'ils disaient.

Tu écris, tu donnes le texte aux acteurs et tu tournes ?

Je n'ai jamais corrigé un texte, j'écris tout d'un jet et je fais tel quel. Dans le premier jet, c'est l'instinct qui parle, et il est important de ne pas gommer l'instinct lors des corrections, notamment les choses pas logiques. *Kaamelott*, le résultat, c'est ça. Il n'y a rien de franchement nul, mais il y a des choses maladroites, très maladroites. Certains ont dit que l'épisode vampire, ça ne marchait pas. Quand ça passe le crédible, certains décrochent. Mais *Kaamelott*, c'est un homme en entier, avec tout ce qu'il a de pas réussi. C'est ce que les gens à la télévision n'arrivent pas à admettre, avec le système de surveillance des auteurs pour éliminer les défauts. Mais quand tu élimines les défauts, tu élimines tout, tout part à la benne.

Tu écris tes textes sans élisions ?

Il y en a que je ne peux pas éviter. J'écris dans le meilleur français possible pour qu'il ne soit pas trompeur pour l'acteur. Par exemple : « On n'a pas le temps », j'écris le « n' », alors que « Vous avez pas le temps », je ne le mets pas car je ne veux pas que l'acteur dise « Vous n'avez pas le temps. » En plus, certains personnages utilisent l'imparfait du subjonctif, comme Gauvain ou Le Roi Loth, qui sont très littéraires. Mais les textes avec les élisions sont très désagréables à lire. Pour un mec qui est à cheval comme moi sur la métrique, je devrais tout faire comme ça, même souligner l'accentuation. Mais c'est un outil technique pour le comédien, et je préfère leur dire sur le plateau. Il m'arrive juste de souligner les mots, c'est le cas dans les textes publiés d'ailleurs. Mais je pars quand même de la phrase française clean. Ce qui n'est pas le cas de ceux qui ont relevé les textes sur Internet.

Liste des personnages

par ordre d'apparition

Bᴏʜᴏʀᴛ †*, *Roi de Gaunes*
Kᴀʀᴀᴅᴏᴄ †, *Chevalier de Vannes*
Aʀᴛʜᴜʀ †, *Roi de Bretagne*
Lᴇᴏᴅᴀɢᴀɴ †, *Roi de Carmélide, père de Guenièvre*
Pᴇʀᴄᴇᴠᴀʟ †, *Chevalier du pays de Galles*
Gᴜᴇɴɪᴇᴠʀᴇ, *Reine de Bretagne*
Sᴇ́ʟɪ, *mère de Guenièvre*
Bʀᴇᴄᴄᴀɴ, *artisan*
Pᴇ̀ʀᴇ Bʟᴀɪsᴇ, *prêtre chrétien*
ʟᴀ Dᴀᴍᴇ ᴅᴜ Lᴀᴄ, *Fée*
Lᴀɴᴄᴇʟᴏᴛ †, *Chevalier du Lac*
Gᴀʟᴇssɪɴ †, *Duc d'Orcanie*
Hᴇʀᴠᴇ́ ᴅᴇ Rɪɴᴇʟ †, *Chevalier*
Aᴛᴛɪʟᴀ, *Chef des Huns*
Gʀᴜ̈ᴅᴜ̈, *guerrier*
Dᴇᴍᴇᴛʀᴀ, *maîtresse d'Arthur*
Bᴜᴢɪᴛ, *barde*
Kᴀʏ, *sonneur*
ʟᴇ Mᴀɪ̂ᴛʀᴇ ᴅ'Aʀᴍᴇs
Yᴠᴀɪɴ †, *Chevalier au Lion, frère de Guenièvre*
ʟᴇ Tᴀᴠᴇʀɴɪᴇʀ
Cᴀʟᴏɢʀᴇɴᴀɴᴛ †, *Roi de Calédonie*
Vᴇɴᴇᴄ, *marchand*
ʟᴇ Rᴇ́ᴘᴜʀɢᴀᴛᴇᴜʀ, *inquisiteur chrétien*
Mᴇʀʟɪɴ, *Enchanteur*
Éʟɪᴀs ᴅᴇ Kᴇʟʟɪᴡɪᴄ'ʜ, *Enchanteur*
Jᴀᴄᴄᴀ, *Seigneur breton*
ʟᴇ Rᴏɪ Bᴜʀɢᴏɴᴅᴇ

* *Le symbole † indique qu'il s'agit d'un Chevalier de la Table Ronde.*

L'Interprète
Dagonet †, *Chevalier breton*
Angharad, *suivante de Guenièvre*
Boniface, Évêque *de Germanie*
Guethenoc, *paysan*
Madenn, *maîtresse d'Arthur, fille de Guethenoc*
Azénor, *maîtresse d'Arthur*
Gauvain †, *neveu d'Arthur*
Caius Camillus, *Centurion romain*
Roparzh, *paysan*
Goustan, *père de Léodagan*
Ygerne de Tintagel, *mère d'Arthur*
Narsès, Eunuque, *Général de Byzance*
la Fée Morgane
le Roi Africain
Pendragon, *spectre du père d'Arthur*

Livre I

1
Heat

A. ASTIER

3 CORS

1. EXT. TENTE DE COMMANDEMENT – JOUR

BOHORT et KARADOC discutent devant une carte.

KARADOC – Bon, je vais essayer de trouver un petit lièvre pour ce soir parce qu'il commence à faire faim.

BOHORT – Je me demande comment vous faites. Moi, je serais incapable de trouver de quoi manger dans la forêt.

KARADOC – Pour attraper des bêtes, il faut imiter les femelles. Là, pour le coup, hop! La femelle lièvre…

BOHORT – La hase.

KARADOC – De quoi?

BOHORT – La femelle lièvre, c'est la hase.

KARADOC – Moi, je connais que le cri.

Il imite la hase, d'un bruit des plus curieux sans aucun rapport avec l'animal.

OUVERTURE

2. EXT. FORÊT – JOUR

Arthur, Léodagan et Perceval sont réfugiés derrière les arbres, accroupis, prenant quelques secondes de répit avant de passer à l'assaut.

Arthur – Vous les voyez, vous ?

Perceval – Non.

Arthur – Non mais tourné vers là-bas, c'est sûr ! Moi non plus, je vois rien !

Léodagan *(à Perceval)* – Passez la tête !

Perceval – Passer la tête ? Pour me prendre une flèche dedans ? Non merci !

Léodagan – On n'entend plus rien ! Si ça se trouve, ils ont foutu le camp !

Arthur – « Si ça se trouve » ? Alors pour nous sortir de là, il va falloir un peu plus solide que du « si ça se trouve » !

Au loin, des voix étrangères se font entendre.

Léodagan – Ils sont encore là, ces cons !

Arthur – On va pas rester plantés là comme des radis ! *(désignant derrière lui)* S'il y a un autre groupe qui arrive par là, on est marron des deux côtés !

Perceval – Si on faisait le coup du bouclier humain ?

Léodagan – Quel coup ?

Perceval – Par exemple, Sire, Léodagan et moi, on fait semblant de vous prendre en otage, on vous met une dague sous le cou et on traverse le camp adverse en gueulant : « Bougez pas ! Bougez pas ou on bute le Roi ! »

3. EXT. FORÊT – ENSUITE

Les hommes sont toujours bloqués derrière les arbres.

ARTHUR – Léodagan! Quelles sont nos chances si on fonce?

LÉODAGAN – Si on fonce où ça?

ARTHUR – Droit devant! En plein dans leur tronche! Après tout, on sait pas combien ils sont!

LÉODAGAN – Bah nous on est trois.

ARTHUR lance un regard incrédule à LÉODAGAN.

LÉODAGAN – Mettons deux et demi. Suffit qu'ils soient cinq ou dix, on est morts.

PERCEVAL – On pourrait balancer de la caillasse vers là-bas, comme ça, ils se disent qu'on y est et nous, on part dans l'autre sens.

ARTHUR – Non c'est bon, laissez tomber les combines à deux ronds…

PERCEVAL – Non, non mais vous allez voir!

PERCEVAL trouve une pierre par terre et prépare un lancer en direction des lignes ennemies.

ARTHUR ET LÉODAGAN – Pas par là! Pas par là!

PERCEVAL lance. Au loin, un barbare prend la pierre dans la tête et hurle.

PERCEVAL – Putain, en plein dans sa mouille!

ARTHUR – Mais vous êtes complètement con!

LÉODAGAN – Vous allez peut-être me dire que maintenant, ils croient qu'on est là-bas!

PERCEVAL – Non mais maintenant, il faut se tirer dans l'autre sens!

ARTHUR – Ah, c'est sûr! Surtout que s'ils ont vu d'où venait la pierre, ils sont en train de radiner droit sur nous!

PERCEVAL – Ouais mais nous, on change de coin et quand ils arrivent là, ils sont pinés, il y a personne!

Au loin, les barbares approchent.

PERCEVAL *(se saisissant d'une autre pierre)* – Attendez, je vais les attirer ailleurs!

Il lance la pierre, qui rebondit sur l'arbre derrière lequel ARTHUR est dissimulé. ARTHUR reste sans voix.

PERCEVAL *(cherchant par terre)* – Merde, j'ai plus de pierres! Qu'est-ce qu'on fait?

ARTHUR *(lui relançant sa pierre)* – Tenez, je vous rends celle-là!

La pierre résonne sur l'armure de PERCEVAL.

LÉODAGAN – Hé ho! j'ai failli me la prendre!

PERCEVAL – On pourrait foutre le feu à la forêt pour les obliger à sortir! Non! Il faut faire comme avec les scorpions qui se suicident quand ils sont entourés par le feu! Il faut faire un feu en forme de cercle autour d'eux, comme ça, ils se suicident pendant que nous, on fait le tour! Et on lance de la caillasse de l'autre côté pour brouiller!

4. EXT. FORÊT – ENSUITE

Les hommes n'ont pas bougé. Au loin, tou-jours des mouvements de troupe.

ARTHUR – C'est pas possible de rester coincés là! Je vais devenir dingue! Je préfère encore foncer dans le tas! Tans pis!

LÉODAGAN – Dans une heure, la nuit tombe! Là, il y aura d'autres solutions. Déjà, ils seront obligés d'allumer leurs torches, on verra enfin où ils sont!

PERCEVAL – Sinon, on fait un tunnel jusqu'à notre campement! Léodagan et moi, on creuse pendant que vous balancez de la caillasse dans l'autre sens pour les éloigner du chantier!

À quelques mètres, des bruits de pas.

LÉODAGAN – Chut! Ils sont juste à côté, ces cons-là…

PERCEVAL – Merde, s'ils ont entendu mon plan, c'est foutu.

ARTHUR – La ferme!

PERCEVAL – Bougez pas!

PERCEVAL imite un oiseau, sans aucune crédibilité.

ARTHUR – Mais arrêtez, bon sang!

LÉODAGAN – Fermez-là, on va se faire tuer!

PERCEVAL – Animaux de la forêt!

PERCEVAL imite un singe et lance du gravier sur ARTHUR qui dégaine Excalibur et lui fonce dessus pour le tuer.

LÉODAGAN – Arrêtez, on va se faire repérer!

FERMETURE

5. EXT. TENTE DE COMMANDEMENT – JOUR

KARADOC explique un stratagème à BOHORT, carte à l'appui.

KARADOC – On construit un barrage. Après, on lance de la caillasse de l'autre côté de la rivière pour faire croire aux autres qu'on a traversé dans l'autre sens. Une fois qu'ils sont au milieu de la flotte, on casse le barrage et on les noie.

BOHORT – C'est drôlement ingénieux !

KARADOC – Le seul problème, c'est que quand on a passé quatre semaines à construire un barrage, ça fait un peu mal au cul de le détruire.

NOIR

KARADOC *(OVER)* – Ou sinon, ce qu'on peut faire : on imite un chevreuil, comme ça.

Il émet un cri étrange, sans aucun rapport avec le chevreuil.

2
Les Tartes Aux Myrtilles

A. ASTIER

1. INT. SALLE À MANGER – JOUR

*ARTHUR, GUENIÈVRE, LÉODAGAN et SÉLI déjeunent.
ARTHUR et LÉODAGAN s'apprêtent à se lever de
table.*

ARTHUR – Bon allez, beau-père, on se remet au boulot?

LÉODAGAN – Ouais. Ça va pas se faire tout seul.

SÉLI – Aujourd'hui, il y a du dessert.

ARTHUR – Heu… non, moi ça va, merci.

SÉLI – Il y a des gens qui ont pris la peine de faire un
dessert, la moindre des choses, c'est de rester pour le
manger. Il y en a marre de se comporter comme des
sagouins avec tout le monde sous prétexte qu'on a
des responsabilités.

*ARTHUR, GUENIÈVRE et LÉODAGAN se regardent avec
étonnement.*

ARTHUR *(se rasseyant)* – C'est proposé si gentiment…

OUVERTURE

2. INT. SALLE À MANGER – PLUS TARD

Sur la table, une tarte.

ARTHUR *(regardant la tarte)* – Qu'est-ce que c'est, ce machin ?

SÉLI – C'est une tarte aux myrtilles. Pourquoi, elle vous revient pas ?

ARTHUR – Mais ça va ! Pourquoi vous m'agressez ?

SÉLI – Parce que vous regardez ça comme si c'était du purin !

ARTHUR – Qu'est-ce que ça peut vous foutre ? C'est pas vous qui l'avez faite, si ?

SÉLI – Ben si, justement, c'est moi !

ARTHUR – Ah bon…

GUENIÈVRE *(distraite)* – Elle y a passé la matinée.

LÉODAGAN – Vous faites des tartes, vous maintenant… ?

SÉLI – Et alors ? Faut un permis ?

ARTHUR – La vache ! Ça vous rend pas aimable, en tout cas !

LÉODAGAN – Il doit y avoir quatre-vingts larbins au château et c'est vous qui tapez la tambouille !

SÉLI – Ça me détend !

Les autres se regardent.

SÉLI – Bon ben qu'est-ce que vous attendez pour la couper ? Qu'il fasse nuit ?

3. INT. SALLE À MANGER – ENSUITE

Tous se débattent avec une pâte d'une rare dureté. Leur bouche est emplie d'une masse sableuse et conglomérée.

Séli – Vous dites rien !

Léodagan – Faudrait pouvoir…

Guenièvre – Non, le fruit est bon…

Séli – C'est pas la peine de faire des ronds de jambe ! Si c'est pas bon, vous n'avez qu'à le dire !

Arthur – C'est pas bon.

Séli – Ah merci !

Arthur – Vous posez la question !

Séli – Je la pose pas à vous !

Guenièvre – La pâte est probablement un peu sèche…

Léodagan – Probablement, oui… Ça doit jouer.

Séli – J'ai envie de faire des tartes, voilà ! Vous n'allez pas m'obliger à me justifier !

Léodagan – Non, tant que vous nous obligez pas à les manger…

Séli – J'ai toujours rêvé de faire des tartes pour mes petits-enfants ! Seulement, les petits-enfants, il y en a pas. Ils arrivent jamais ! J'attends, j'attends… rien !

Arthur – Si vous les recevez avec ça, ils sont pas près de venir !

Guenièvre – On aime toujours les tartes de sa mamie !

Séli – Exactement. C'est comme d'aller à la pêche avec son papi, c'est dans les gènes.

Léodagan – Quoi ?

Séli – Mais oui, mon petit père! Il faudra bien vous y coller! À moins que vous préfériez vous taper les tartes?

Léodagan – C'est dingue, cette histoire! C'est pas parce que vous faites des tartes pour des petits-enfants qu'existent pas qu'il faut que je les emmène à la pêche, non?

Séli – C'est pourtant comme ça qu'on leur fait des souvenirs, aux petits! La pêche, les tartes… tout ça, c'est du patrimoine!

Arthur *(désignant sa part)* – C'est du patrimoine, ça?

Guenièvre – Moi, je sais pas si je leur laisserai manger ça, à mes enfants…

Séli – Oh vous, occupez-vous de les faire, ce sera déjà pas mal!

Un silence s'installe.

Arthur – Il y a pas à dire, dès qu'il y a du dessert, le repas est tout de suite plus chaleureux.

4. INT. SALLE À MANGER – ENSUITE

Tous se font la tête.

Léodagan *(à sa femme)* – Vous savez, c'est quand même pas grave de pas savoir faire des tartes…

Guenièvre – Vous en faites pas…

Séli – Ah mais je m'en fais pas! Je vais m'entraîner jusqu'à ce que ça marche!

Arthur – Vous voulez dire que vous allez en refaire?

Séli – Tous les jours.

Léodagan – Tous les jours?

Séli – Non mais je vais varier les fruits, vous inquiétez pas…

Arthur – Et vous allez varier la pâte, aussi ?

Séli – N'exagérez pas non plus ! Je vous demande quand même pas de manger des briques !

Léodagan – Sans vouloir la ramener, la seule différence concrète avec des briques, c'est que vous appelez ça des tartes !

Guenièvre – Et si vous faisiez des confitures, mère ? Les petits-enfants, ils adorent ça !

Arthur – Et puis ils pourraient en manger tout de suite ! Tandis que ça, avant un an, ils ont pas assez de chicots de toute façon.

Léodagan *(désignant sa tarte)* – Et puis pour attaquer ça, il faudra qu'ils attendent d'avoir perdu les dents de lait !

FERMETURE

5. INT. SALLE À MANGER – PLUS TARD

Arthur et Léodagan s'apprêtent à sortir de table. Séli les arrête une nouvelle fois.

Séli – Attendez…

Elle enveloppe les parts de tarte restantes dans un linge.

Séli – Au cas où vous ayez un creux dans l'après-midi…

Arthur et Léodagan se jettent un regard inquiet.

Léodagan – Oui ou une fissure à colmater dans un muret…

ARTHUR *(remarquant la tête de Séli)* – Ça va, on plaisante…

NOIR

LÉODAGAN *(OVER)* – On plaisante, on plaisante…

3
La Table De Breccan

A. ASTIER

3 CORS

1. INT. COULOIRS – JOUR

ARTHUR, LÉODAGAN et PERCEVAL s'apprêtent à entrer dans la grande salle.

LÉODAGAN *(à Arthur)* – Je vois pas ce que c'est que cette lubie de vous faire fabriquer une table.

PERCEVAL – D'autant qu'il y en a une de douze pieds dans la salle à manger…

ARTHUR *(épique)* – Celle-là, elle est ronde. C'est une table autour de laquelle les Chevaliers de Bretagne se retrouveront pour unir leurs forces et leurs destinées. D'ailleurs, autant vous y faire parce qu'à partir de maintenant, on va tous s'appeler « les Chevaliers de la Table Ronde. »

PERCEVAL – « Les Chevaliers de la Table Ronde » ?

LÉODAGAN – Une chance que vous vous soyez pas fait construire un buffet à vaisselle…

OUVERTURE

2. INT. SALLE DE LA TABLE RONDE – JOUR

ARTHUR, LÉODAGAN, BOHORT, PERCEVAL, KARADOC et PÈRE BLAISE contemplent la nouvelle Table Ronde, sous les commentaires de son constructeur, un Irlandais du nom de BRECCAN.

ARTHUR – Non, elle est bien… Elle est bien mais je m'attendais à de la pierre.

BRECCAN – La pierre, on en a parlé, Sire. Moi, je peux pas monter une pierre d'une toise et demie par l'escalier! Je suis pas magicien!

BOHORT – C'est pas désagréable, le bois.

BRECCAN – Ah et puis là, je vous ai mis du costaud, vous pouvez y aller! Mettons pendant un banquet, s'il faut faire danser cinq ou six dames dessus, ça bougera pas!

ARTHUR – C'est pas tellement l'ambiance.

BRECCAN – Ah bah après, moi, je connais pas le détail, hein!

PERCEVAL – C'est pas tant le bois qui me dérange… C'est plutôt le cuir…

KARADOC – Ça fait un peu atelier de cousette.

ARTHUR – Ouais, c'est pas faux.

BRECCAN – Attendez, le cuir, ça restera toujours le cuir! D'autant que je vous ai pas mis de la vache moisie! Là, c'est de la tannerie de luxe assemblée au crochet de six… Attendez, il y a du boulot derrière, là.

PERCEVAL – Non mais faut prendre l'habitude, c'est tout.

BRECCAN – Par contre, il faut essayer de pas trop manger comme des porcs. Parce que j'ai fait un traitement à la graisse pour imperméabiliser mais faut quand même éviter les taches de jus de viande!

ARTHUR – Non mais on va pas s'en servir pour manger.

3. INT. SALLE DE LA TABLE RONDE – ENSUITE

Père Blaise s'est installé à la Table Ronde avec un de ses livres et une plume, pour essayer.

Père Blaise – C'est pile la bonne hauteur pour l'écriture. On domine bien la page.

Arthur – C'est dommage, comme vous allez pas écrire dessus.

Père Blaise – Comment ça?

Arthur – Non. Vous, vous êtes debout à un pupitre, là-bas derrière.

Père Blaise – Il y a une table et des sièges et je dois me farcir toutes les notes à ratifier debout?

Arthur – C'est comme ça. On écrit pas sur cette table.

Breccan – Mais sans indiscrétion, si vous y mangez pas, que vous écrivez pas et que vous dansez pas dessus, pourquoi vous avez besoin d'une table?

Arthur – C'est un peu compliqué.

Bohort – Sire Arthur a eu une révélation de la Dame du Lac qui lui a ordonné la construction d'une table légendaire autour de laquelle il devrait réunir les Chevaliers de Bretagne pour organiser la Quête du Graal.

Arthur – Voilà.

Léodagan – En gros.

Breccan – La vache! On me l'avait jamais faite, celle-là!

Karadoc – C'est un peu compliqué.

Perceval – Vous bilez pas : même nous, on n'a pas tout compris.

Breccan – Mais dites, du coup, il va y avoir du beau monde qui va circuler, là-autour?

ARTHUR – Bah si on veut, ouais…

BOHORT – Les Seigneurs les plus puissants de l'île.

ARTHUR – Oui et puis des Chevaliers plus modestes…

LÉODAGAN – A priori, il devrait y avoir un peu de tout…

BRECCAN – Un peu de tout mais quand même des Chevaliers! Je veux dire, ça va pas être des réunions de bouseux, votre histoire!

PERCEVAL – Ah non, non! Il y a pas de pécores pour la Quête du Graal. *(à Arthur)* Enfin, à moins que ça ait changé?

BRECCAN – Du coup, Sire, ça vous embête si je mets ma petite griffe, là, discrètement dans un coin?

ARTHUR – Pour quoi faire?

BRECCAN – Ben, la réclame! Mettons qu'un Chef de Clan pose ses miches là-devant et qu'il trouve ça cossu, tac! Le jour où il décide de se faire faire un buffet ou un plumard sur mesure, il sait où me trouver!

ARTHUR – Non mais ça va faire super moche, une griffe!

BRECCAN – Je la fais dessous, là! Vous y verrez que du feu, promis! J'en ai pour un quart d'heure.

4. INT. SALLE DE LA TABLE RONDE – PLUS TARD

Les hommes se sont retirés. ARTHUR reste seul assis alors que BRECCAN grave ses coordonnées sous la table.

BRECCAN – Voilà! « Conception Breccan & Fils, Irlande ». Qu'est-ce que vous voulez, il faut bien se donner un petit coup de pouce.

ARTHUR – Je comprends.

BRECCAN – Sinon vous avez ce qui vous faut en mobilier pour cette pièce? Parce que selon le budget, je pourrais éventuellement vous proposer un râtelier pour que les gars posent les armes ou un joli petit rangement pour les manteaux.

ARTHUR – Ils seront en armure et ils doivent garder leurs armes sur eux.

BRECCAN – Ah ouais, dites donc, c'est carré-carré, hein! Sinon, dans la chambre à coucher, il a tout ce qui lui faut?

LA DAME DU LAC est apparue auprès d'ARTHUR.

LA DAME DU LAC – Oh, comme elle est belle!

ARTHUR – Ah, vous voilà! Alors, qu'est-ce que vous en pensez?

BRECCAN *(ne pouvant voir ni entendre la Dame du Lac)* – Qu'est-ce que je pense de quoi?

ARTHUR *(à Breccan)* – Attendez, c'est pas à vous que je parle.

BRECCAN – Bah à qui, alors?

LA DAME DU LAC – C'est vrai que j'aurais plutôt vu de la pierre…

ARTHUR *(à Breccan)* – Voyez? La pierre, ça aurait été bien quand même.

BRECCAN – C'est à moi que vous parlez, là?

FERMETURE

5. INT. SALLE DE LA TABLE RONDE – PLUS TARD

ARTHUR est seul avec LA DAME DU LAC.

LA DAME DU LAC – Je sens que de grandes choses vont se jouer autour de cette table, Arthur.

ARTHUR – Il y a plus qu'à réunir les gars, maintenant. Au fait, comment j'aborde le coup du Graal pour que tout le monde se fasse bien l'image du truc ? Parce que pour le moment, j'en ai touché deux mots comme ça, il y en a qui sont un peu largués…

LA DAME DU LAC – Ça viendra en son temps. *(se levant et faisant la bise à Arthur)* Allez, je me sauve, moi. Félicitations pour la table.

NOIR

LA DAME DU LAC *(over)* – Et faites attention au cuir, c'est joli mais c'est quand même salissant.

4
Le Chevalier Mystère

A. ASTIER

3 CORS

1. INT. SALLE DE LA TABLE RONDE – JOUR

*ARTHUR, ses Chevaliers et PÈRE BLAISE ont entamé
une nouvelle réunion de la Table Ronde. ARTHUR
termine la prière d'usage.*

ARTHUR – *Vas insigne devotionis…*

*ARTHUR remarque PERCEVAL et KARADOC qui
s'échangent discrètement un mot.*

ARTHUR *(à Karadoc et Perceval)* – Ça vous emmerde,
ce que je raconte?

KARADOC – Non, non.

ARTHUR – Ah bon. Sinon, hésitez pas, hein.

OUVERTURE

2. INT. SALLE DE LA TABLE RONDE – PLUS TARD

PÈRE BLAISE s'apprête à énoncer l'ordre du jour.

PÈRE BLAISE – Aujourd'hui, il est question de tenter d'éclaircir le mystère du Chevalier de Provence.

LÉODAGAN – Le Chevalier de Provence? Qui c'est, celui-là?

PÈRE BLAISE – Personne n'est au courant?

ARTHUR – Si, si. J'en ai entendu parler.

BOHORT – Mais… vous croyez que c'est vrai, cette histoire? Franchement, ça m'a tout l'air d'un bruit qui court.

LANCELOT – Alors là, permettez-moi de vous dire : le coup du mystérieux Chevalier gaulois solitaire à la rescousse de l'opprimé, ça fait vraiment bidon, comme légende.

GALESSIN – Ça vous agace ça, hein?

LANCELOT – Quoi donc?

KARADOC – Un Chevalier solitaire dont tout le monde parle et qui s'appelle pas Lancelot du Lac, c'est vrai que ça doit pas être facile…

LANCELOT – « Dont tout le monde parle »? Ah non mais s'il vous plaît…

BOHORT – C'est vrai qu'on commence effectivement à beaucoup en entendre parler.

LANCELOT – On en entend parler dans les tavernes à ivrognes, oui!

PERCEVAL – Ah bon? Moi, je passe pas mal de temps à la taverne, j'ai jamais entendu parler de celui-là.

3. INT. SALLE DE LA TABLE RONDE – ENSUITE

Personne ne s'entend à propos de ce mystérieux Chevalier gaulois.

ARTHUR – Le problème, c'est surtout que si ce type commence à vraiment faire parler de lui, il va falloir qu'on lui fasse une place à la Table Ronde!

LÉODAGAN – Encore! Il y a que huit places, on est déjà une douzaine!

LANCELOT – Mais arrêtez avec votre Chevalier gaulois, je vous dis que c'est des conneries!

GALESSIN – Il faudrait sérieusement penser à une plus grande table.

BOHORT – Sire, c'est vrai que si les Chevaliers se multiplient, il faut faire fabriquer une table en conséquence.

ARTHUR – Mais la table, encore, ça va! Seulement, j'ai pas de pièce plus grande que celle-là. Alors, je vais pas faire fabriquer une table de quinze coudes de long s'il faut que j'abatte les murs derrière!

HERVÉ DE RINEL – C'est pas grave, on continuera les roulements.

BOHORT – De toute façon, le Chevalier de Provence, il faudrait déjà mettre la main dessus!

LÉODAGAN – Mais… c'est le Chevalier de Provence ou le Chevalier gaulois? Faudrait savoir!

LANCELOT – C'est rien du tout, il existe pas.

GALESSIN – Ça dépend des sources mais je crois bien que c'est un Chevalier de Provence.

PÈRE BLAISE *(consultant ses parchemins)* – Très exactement, c'est « Provençal, le Gaulois ».

PERCEVAL – Ben non, c'est moi, ça.

41

Tous les Chevaliers se retournent vers PERCEVAL, étonnés.

ARTHUR – Comment, « c'est vous » ?

PERCEVAL – Ben je suis pas mystérieux, moi ! Je suis même pas solitaire, alors !

ARTHUR – Mais qu'est-ce que vous nous chantez, encore ? Vous êtes pas gaulois !

PERCEVAL – Je sais pas ce qui vous faut, je suis de Caerdydd !

BOHORT – C'est au pays de Galles, Caerdydd. Vous êtes gallois.

PERCEVAL – Eh ben, c'est bien ce que j'ai dit… Provençal, le Gaulois. Le Gallois… Ouais, je vois ce que vous voulez dire…

BOHORT – Vous êtes pas gaulois.

PERCEVAL – Ouais, ouais je me suis gouré.

ARTHUR – Sans vouloir abuser, il me semble pas que vous soyez provençal, non plus.

PERCEVAL – Non, Provençal, c'est mon nom.

BOHORT – Perceval !

PERCEVAL – Perceval, ouais. Qu'est-ce que j'ai dit ?

BOHORT – Provençal.

PERCEVAL – Non, non, Perceval. Je me suis gouré.

4. INT. SALLE DE LA TABLE RONDE – ENSUITE

Le mystère du Chevalier gaulois s'est volatilisé.

PERCEVAL – Bah quoi, c'est pas si grave que ça !

ARTHUR *(à lui-même)* – Pas foutu de savoir son nom…

LÉODAGAN – Et on peut savoir depuis quand vous arpentez la Bretagne en racontant à tout le monde que vous vous appelez Provençal le Gaulois?

PERCEVAL – J'en sais rien, moi.

LANCELOT – Si ça se trouve, il dit jamais la même chose!

PERCEVAL – N'empêche que tout le monde parle de moi! C'est quand même un signe!

ARTHUR – Perceval le Gallois, en tout cas, tout le monde s'accorde à dire que c'est un guignol et que c'est pas une légende!

BOHORT – Oui, mais Provençal le Gaulois a une excellente réputation, Sire.

ARTHUR – Je voudrais bien qu'on m'explique pourquoi!

KARADOC – À cause des faits d'armes…

ARTHUR *(désignant Perceval)* – Les faits d'armes de celui-là? Première nouvelle!

LÉODAGAN – C'est quand même pas de chance pour lui : les rares fois où il arrive à faire quelque chose de ses dix doigts, il se goure quand on lui demande son nom!

FERMETURE

5. INT. SALLE DE LA TABLE RONDE – PLUS TARD

Les commentaires fusent.

PÈRE BLAISE – Bon eh ben voilà. Le mystère du Chevalier de Provence est éclairci.

PERCEVAL – Suffisait de demander…

LÉODAGAN – En Provence, à l'heure qu'il est, ils doivent être drôlement fiers de l'enfant du pays!

ARTHUR – Je pense bien ! Surtout que les enfants du Pays de Provence qui sont nés à Caerdydd, ça doit pas courir les rues !

NOIR

PERCEVAL *(OVER)* – N'empêche que je suis une légende.

5
Le Fléau De Dieu

A. Astier

3 CORS

1. INT. COULOIRS – JOUR

Arthur et Léodagan s'apprêtent à entrer dans la salle du Trône où ils sont attendus. Bohort, apeuré, les retient.

Bohort – Sire, je vous en conjure, n'entrez pas dans cette pièce !

Arthur – Pourquoi donc ? C'est la salle du Trône… Ce serait quand même gros que je puisse pas y entrer !

Bohort – Mais Attila vous y attend, Sire ! Attila ! Le Fléau de Dieu !

Arthur *(à Léodagan)* – C'est sûr que c'est pas Jo le Rigolo…

Bohort – Jo le Rigolo ? On dit que là où il passe, l'herbe ne repousse pas !

Léodagan – Il y a pas d'herbe dans la salle du Trône.

OUVERTURE

2. INT. SALLE DU TRÔNE – JOUR

ATTILA, entouré de quelques-uns de ses hommes, menace ARTHUR.

ATTILA – Je vais tout casser, ici, moi ! Kaamelott ! Kaamelott, il va rester un tas de cailloux comme ça !

ARTHUR et LÉODAGAN se jettent un regard vide.

ATTILA – Je veux l'or ! Tout l'or ! Sinon, c'est la guerre !

BOHORT est terrorisé.

BOHORT *(discrètement, à Arthur)* – Je vais chercher l'or, Sire ?

LÉODAGAN – Quoi ? Tout l'or de Kaamelott ? Non mais vous vous foutez de moi ?

BOHORT – Quand Attila demande de l'or, on lui donne ! C'est pas le moment de jouer les pingres !

ARTHUR *(à Bohort)* – Attendez, vous vous rendez compte de la somme que ça fait ?

BOHORT – Peu importe ! J'ai pas envie de finir empalé au sommet d'une colline !

LÉODAGAN *(à Arthur)* – Non mais attendez, vous faites semblant de négocier, tranquille, pendant ce temps, je fais celui qui va pisser par là-bas et puis quand j'arrive à sa hauteur, tac ! *(faisant le geste)* Je sors ma dague et je l'ouvre en deux par le bas.

BOHORT – Vous serez écorché vif avant d'avoir eu le temps de lever la main ! Balançons-lui les caisses d'or et fichons le camp d'ici avant qu'il foute le feu !

ARTHUR – Personne ne s'en va.

ATTILA *(impatient)* – Alors ?

ARTHUR – Alors, je suis désolé, on peut pas payer.

ATTILA pousse un cri de rage.

3. INT. SALLE DU TRÔNE – ENSUITE

*A*RTHUR *tente d'apaiser la colère d'*A*TTILA.*

ARTHUR – C'est pas tellement la peine de vous énerver! Nous c'est pas qu'on veut pas se soumettre mais si on vous donne tout notre or maintenant, nous derrière, il nous reste plus qu'à fermer boutique!

LÉODAGAN *(à lui-même)* – Non et puis ça va bien! On s'est battus pour le gagner, on le garde!

BOHORT – Mais qu'est-ce que vous parlez d'or? Vous voyez pas qu'on est à deux doigts de se faire pulvériser?

ATTILA – Je te mettrai à genoux, Arthur de Bretagne!

ARTHUR – À genoux, pas à genoux, c'est une chose mais en attendant, je vous file pas tout mon or.

ATTILA – Pourquoi pas?

LÉODAGAN – Parce que c'est le nôtre!

ARTHUR – Déjà… Et puis non, vous vous rendez pas compte! On a un fonctionnement, ici, nous! Rien que sur le site, entre le château et les fermes, il doit y avoir au moins cent cinquante larbins!

LÉODAGAN *(à Attila)* – Vous pouvez pas comprendre, vous passez votre vie à cheval! Un feu de bois, un lapin de garenne et puis ça repart! Nous autres sédentaires – alors ça a de la gueule parce qu'on vit dans de la pierre – mais seulement, ça coûte du pognon.

BOHORT *(à lui-même, désespéré)* – On est cuits. Il va raser la Bretagne.

ATTILA – La moitié de l'or! Tout de suite! Ou tout va brûler!

BOHORT *(à Arthur)* – La moitié de l'or! C'est inespéré! Sautez sur l'occasion, Sire, avant qu'il ne change d'avis!

LÉODAGAN – Attendez, c'est pas de la mauvaise volonté, mais la moitié, ça fait quand même une sacrée somme!

ARTHUR *(à Attila)* – Ouais, je suis désolé, c'est pas que je veux pas trouver un terrain d'entente, mais nous, s'il y a la moitié des réserves qui fout le camp, derrière on tient pas le coup!

ATTILA – Pourquoi pas?

LÉODAGAN – Parce qu'il y a des frais! Vous arrivez pas vous rentrer ça dans le crâne!

ARTHUR – Ou alors, il aurait fallu demander un soutien à Rome mais Rome… en ce moment, c'est pas le grande forme…

LÉODAGAN – Ouais, c'est pas Byzance…

ARTHUR – Par contre Byzance, ouais! Il y a du fric mais je les connais pas les mecs, moi.

ATTILA – Alors les femmes!

LÉODAGAN – Les femmes? Quoi les femmes?

ATTILA – Donnez-nous les femmes!

ARTHUR – Ben… Faut voir, ça dépend lesquelles…

ATTILA – Toutes les femmes!

ARTHUR *(approuvé par Léodagan)* – Ah toutes les femmes, non.

ATTILA pousse un cri de colère.

4. INT. SALLE DU TRÔNE – ENSUITE

ARTHUR et ses hommes n'ont pas encore trouvé un terrain d'entente avec ATTILA.

ATTILA – La nourriture!

LÉODAGAN *(à lui-même)* – La nourriture… Qu'est-ce qu'on bouffe, nous, derrière?

ARTHUR *(à Attila)* – Non, la nourriture, non.

ATTILA – Les couverts!

ARTHUR – Non, les couverts, c'est pareil, c'est pas possible!

ATTILA – Le linge de maison!

ARTHUR et LÉODAGAN se regardent.

LÉODAGAN *(à Arthur)* – Le linge de maison?

ATTILA – Allez! Les draps, les serviettes! Tout ça, c'est pour nous!

BOHORT *(outré, à Arthur)* – Sire, on va pas lui donner le linge de maison! Des étoffes ouvragées aux motifs celtiques d'une qualité exceptionnelle!

ARTHUR *(à Attila)* – Non, je suis vraiment désolé, le linge de maison, non, on le garde!

ATTILA – Quelque chose de typique!

LÉODAGAN – Quelque chose de typique?

ARTHUR – Quoi comme chose de typique?

ATTILA – N'importe quoi qui est typique! Sinon, on casse tout!

ARTHUR – Typique, typique… Non, moi, je suis désolé, je vois pas ce qu'on pourrait vous donner.

ATTILA pousse un cri de colère.

ARTHUR – Non, mais d'accord mais…

FERMETURE

5. INT. SALLE DU TRÔNE – PLUS TARD

ATTILA tient dans la main un bol contenant une sorte de viande en daube.

ATTILA – C'est typique ?

ARTHUR – Ah, on peut pas plus typique ! C'est de la viande de cerf mijotée dans le miel…

BOHORT – C'est le plat breton typique !

LÉODAGAN – C'est meilleur chaud mais aux cuisines, ils sont sur le repas de ce soir, ils ont pas trop le temps.

ATTILA regarde ses hommes.

ATTILA *(brandissant le bol)* – Victoire !

Les morceaux de viande volent alentour.

NOIR

ATTILA *(OVER)* – Excusez-moi, j'ai fait des saletés.

6
Le Garde Du Corps

A. ASTIER

3 CORS

1. INT. SALLE DE LA TABLE RONDE – JOUR

ARTHUR, LANCELOT et BOHORT viennent d'apprendre une excellente nouvelle.

ARTHUR – Donc, c'est sûr, ils acceptent ?

LANCELOT – Le messager est formel : ils arrivent à Kaamelott pour signer le traité de paix.

BOHORT – C'est magnifique. Sire, la signature d'un traité de paix, c'est la plus belle chose qui soit !

Dans son élan, BOHORT embrasse ARTHUR qui le repousse, surpris.

BOHORT – Excusez-moi… C'est la joie !

ARTHUR – Allez-y mollo avec la joie.

OUVERTURE

2. INT. SALLE DE LA TABLE RONDE – PLUS TARD

Arthur et Bohort écoutent Lancelot qui vient présenter au Roi un personnage au physique de colosse : Grüdü.

Arthur – Vous êtes sûr que c'est obligé, le coup du garde du corps ? Franchement, je suis assez grand pour me protéger tout seul !

Lancelot – Je suis désolé mais ça fait partie des conditions.

Bohort – C'est normal, imaginez qu'il vous arrive quelque chose avant la signature du traité…

Lancelot – Deux jours, c'est pas tellement long.

Arthur soupire.

Lancelot *(désignant Grüdü)* – En plus, je vous ai désigné un gars formidable pour votre protection.

Arthur – Non, mais j'en doute pas… *(à Grüdü)* C'est pas contre vous, hein ! C'est le principe d'être collé par quelqu'un non-stop pendant deux jours…

Bohort – Eh oui, jour et nuit.

Arthur *(surpris)* – Jour et nuit ?

Bohort – Ça fait partie des conditions.

Lancelot – Vous inquiétez pas, Grüdü est un garçon discret.

Grüdü – Au bout d'un moment, vous saurez même plus que je suis là.

Lancelot – Et puis avec lui, je suis tranquille, c'est une force de la nature, entraîné à tuer, il vient de la banquise viking, il a été élevé par des ours polaires, alors… Alors par contre, si vous sentez qu'il s'énerve un peu, *(il sort un morceau de viande)* vous lui lancez un morceau de viande crue…

GRÜDÜ mord à pleines dents la viande et la main de LANCELOT qui hurle de douleur.

3. INT. CHAMBRE DE DEMETRA – NUIT

ARTHUR est au lit avec DEMETRA. À son chevet, GRÜDÜ veille, assis sur un tabouret.

ARTHUR – Non mais c'est débile, cette histoire !

GRÜDÜ – J'ai pas le droit de vous laisser.

DEMETRA – Mais quand même ! Avec ses maîtresses, il a bien le droit à un peu d'intimité !

GRÜDÜ – Ni avec ses maîtresses, ni avec sa femme… J'ai pas le droit de le laisser.

DEMETRA – Au moins, allez vous mettre dans le coin de la pièce !

GRÜDÜ – J'ai pas le droit de m'éloigner.

DEMETRA – Regardez ailleurs, alors ! Parce que là, ça va pas être facile…

GRÜDÜ – J'ai pas le droit de le quitter des yeux.

DEMETRA soupire.

DEMETRA *(à Arthur)* – Qu'est-ce qu'on fait, alors ? On le fait quand même ?

ARTHUR – Ah non, sûrement pas ! Non mais dites, ça va bien, oui ?

DEMETRA *(posant sa main sur l'épaule d'Arthur)* – Écoutez, ça fait deux semaines qu'on s'est pas vus…

GRÜDÜ dégaine une dague et s'abat sur DEMETRA.

GRÜDÜ – Recule! Recule ou je te sors les boyaux!

Effrayée, DEMETRA recule.

DEMETRA – Ah! Mais qu'est-ce qui vous prend?

GRÜDÜ se rassied.

GRÜDÜ – Personne a le droit de le toucher.

ARTHUR – Mais ne soyez pas con! Vous croyez peut-être qu'elle veut m'assassiner?

DEMETRA – La vache, la trouille!

GRÜDÜ – Personne a le droit de vous toucher.

ARTHUR – Et si quelqu'un me donne une poignée de main ou me fait passer un morceau de pain à table?

GRÜDÜ – Je lui démonte sa face.

ARTHUR – Ah non, mais ça va pas bien, hein! Alors pendant deux jours, il faut que je fasse gaffe de pas frôler quelqu'un dans les couloirs!

GRÜDÜ – Personne vous frôlera parce que je lui péterai sa tête avant.

ARTHUR – Et ma femme? La Reine!

GRÜDÜ – Avec tout le respect que je porte à une personne royale, Sire, si la Reine essaye de vous toucher, je lui bousille sa gueule.

ARTHUR est abasourdi.

DEMETRA – Ce serait bête, du coup vous seriez obligé de choisir une autre Reine…

4. INT. CHAMBRE DE DEMETRA – ENSUITE

*ARTHUR et DEMETRA conservent trente centimètres
de distance entre eux dans le lit. GRÜDÜ est
assis.*

DEMETRA *(à Arthur)* – Et dès que vous aurez signé le
traité, il vous protégera plus?

ARTHUR – Eh non. Là, il me lâche pas et dans deux jours,
je peux crever, il en aura plus rien à foutre.

GRÜDÜ – Quand même, faut pas exagérer.

ARTHUR – Quoi, c'est vrai ou c'est pas vrai?

GRÜDÜ – Attendez, l'affectif, ça joue aussi. À force d'être
ensemble, des liens se créent, c'est obligé.

ARTHUR – Des liens se créent? Mais qu'est-ce qu'il me
raconte? Vous me filez le train depuis deux heures de
l'après-midi!

GRÜDÜ – Ouais, mais je vous apprécie vachement. Je
trouve que vous avez beaucoup de noblesse, vous
exercez votre pouvoir avec humilité et grandeur, c'est
vraiment beau à voir.

ARTHUR – Bon ben si vous m'aimez bien, vous pouvez
pas me faire une fleur?

GRÜDÜ – Si, tout ce que vous voulez.

ARTHUR – Vous pouvez pas sortir de la pièce une petite
demi-heure?

GRÜDÜ – J'ai pas le droit de vous laisser.

*ARTHUR prend la dague de GRÜDÜ et se la met
sur le cou.*

ARTHUR – Et là, qu'est-ce que vous faites? Hein? Je me
menace, il faudrait me buter mais vous avez pas le
droit de me toucher!

GRÜDÜ est pris de court. Cette situation inhabituelle le plonge dans une réflexion en boucle qui s'accélère dans son esprit de façon dangereuse. Il commence à trembler, à souffler; il est au bord de la crise de nerfs. ARTHUR se rend compte qu'il vient de faire une mauvaise chose.

ARTHUR – Attendez, vous énervez pas, c'était pour déconner…

GRÜDÜ monte dans les tours.

ARTHUR – Hé ho du calme, c'était une connerie!

ARTHUR sort un morceau de viande de sous les draps.

ARTHUR – Tenez! Un morceau de viande! Un morceau de viande!

GRÜDÜ claque les dents sur la viande et se calme en mâchonnant. ARTHUR et DEMETRA soufflent.

ARTHUR – Putain, ça va être long, deux jours…

FERMETURE

5. INT. CHAMBRE D'ARTHUR – NUIT

ARTHUR et GUENIÈVRE sont au lit. ARTHUR lit un parchemin tandis que GRÜDÜ est assis sur un tabouret. GUENIÈVRE s'approche avec tendresse de son mari.

GUENIÈVRE – Et si vous laissiez tomber la lecture pour un petit moment?

GRÜDÜ bondit.

GRÜDÜ – Recule! Recule ou je te crève les yeux!

GUENIÈVRE est pétrifiée.

ARTHUR *(souriant à Guenièvre)* – Ouais, non j'ai pas le droit. Parce qu'il y a le traité de paix et tout… Je suis désolé.

Il jette un morceau de viande crue à GRÜDÜ et reprend sa lecture.

NOIR

ARTHUR *(OVER)* – En fait, c'est pas désagréable de se sentir protégé…

7
Des Nouvelles Du Monde

A. ASTIER

3 CORS

1. INT. SALLE À MANGER – JOUR

ARTHUR, GUENIÈVRE, LÉODAGAN et SÉLI viennent de se mettre à table pour leur déjeuner. ARTHUR s'étonne de ne pas pouvoir s'asseoir à sa place habituelle.

ARTHUR – Comment ça se fait que j'ai pas mon Trône, moi, aujourd'hui?

GUENIÈVRE – J'ai besoin de la place parce que j'ai commandé un barde pour ce midi.

Les deux hommes protestent.

ARTHUR ET LÉODAGAN – Ah non!

SÉLI – Quoi? Il faut bien qu'on sache ce qui se passe dans le monde!

LÉODAGAN – Mais on le sait, ce qui se passe!

ARTHUR – J'ai une cellule de vingt-cinq espions qui me font deux rapports par semaine!

SÉLI – Ils chantent pas, vos espions!

ARTHUR – Il manquerait plus que ça!

LÉODAGAN – Ce qui compte, c'est ce qu'ils disent!

GUENIÈVRE – Eh ben nous, ce qui compte, c'est que ça chante.

OUVERTURE

2. INT. SALLE À MANGER – JOUR

Buzit, le barde, est là. Il a commencé ses nouvelles chantées, accompagné de son instrument. La famille est distraite ; les hommes un peu plus agacés que les femmes.

BUZIT *(chantant)* – « Au bois, au bois joli,
Jeune garçon est tombé.
S'en est si bien remis :
Lendemain, était sur pieds. »

Buzit prend une pause inspirée avant de passer à son sujet suivant. Arthur et Léodagan regardent les deux femmes avec circonspection.

ARTHUR – Là, on sait même pas qui c'est qu'est tombé, tout le monde s'en fout.

SÉLI – Mais qui vous demande de vous occuper des paroles?

GUENIÈVRE – C'est le fond sonore qui est agréable.

LÉODAGAN *(à Buzit)* – Qui c'est, celui qui est tombé?

BUZIT – Où ça?

ARTHUR – Comment « où ça? »

LÉODAGAN – Vous dites qu'il y a un mec qu'est tombé dans le bois!

BUZIT – Peut-être… Je pourrais pas vous dire. C'est des trucs qu'on se passe entre bardes, ça. On les fait tourner pour la semaine… J'ai pas le détail. *(à Guenièvre)* J'enchaîne?

GUENIÈVRE *(la bouche pleine)* – Allez-y, roulez, roulez.

Les premiers accords résonnent. ARTHUR et LÉODAGAN affichent une mine lasse.

3. INT. SALLE À MANGER – ENSUITE

BUZIT a enchaîné plusieurs couplets, suscitant chez ses auditeurs une attention médiocre.

BUZIT *(chantant)* – « Berger de Calédonie
Mena bêtes sous rude orage.
Dut attendre bien à l'abri
Que s'enfuient les gros nuages. »

BUZIT fait une pause où il se concentre pour son prochain couplet.

ARTHUR *(à Buzit)* – Vous en avez encore beaucoup, du sensationnel, comme ça?

BUZIT *(à Guenièvre)* – Vous aviez pris une heure ou une demi-heure?

GUENIÈVRE – Ah, une demi-heure, je crois.

LÉODAGAN – Encore une chance!

BUZIT – Bon ben un dernier et je prends mon repas chaud.

SÉLI – Oui bah, vous le prendrez avec nous.

ARTHUR – Ah parce qu'il bouffe, en plus…

GUENIÈVRE – Oui, ils font comme ça maintenant.

BUZIT – Ah ça, j'aime mieux vous dire qu'on y tient! Parce que si vous voulez, le système de rémunération des bardes est en plein boum, en ce moment. On essaie plus ou moins de nous mettre à la trappe... D'ailleurs, j'ai un truc là-dessus. *(chantant)* –

> *« Ami barde n'eut point ripaille*
> *Partit sans pain et sans fruit*
> *Quand chanta pour funérailles*
> *Du Roi Loth mort dans son lit. »*

ARTHUR *et* LÉODAGAN *sursautent.*

ARTHUR – De quoi? Qu'est-ce que vous avez dit?

BUZIT – Ah ouais! Ils l'ont foutu dehors sans un bout de fromage, ces cons!

LÉODAGAN – Non mais pas le barde, ça on s'en fout! Après!

BUZIT – Après quoi?

ARTHUR *(très inquiet)* – Après, avec le Roi Loth! Qu'est ce que c'est, cette histoire? Qui c'est qu'est mort?

BUZIT – Mais j'en sais rien moi... Je vous dis, c'est des trucs qu'on se passe comme ça.

LÉODAGAN – Mais vous avez parlé de funérailles!

BUZIT – Peut être, c'est possible, hein! On en dit tellement!

ARTHUR – Mais souvenez-vous, Bon Dieu! *(fredonnant)* « Le Roi Loth gna-gna-gna-gna... »

BUZIT *(essayant de retrouver les paroles mais n'y arrivant pas)* – Non mais moi, de toute façon, là, j'ai fini. *(posant son instrument)* Je vais commencer par les crudités si ça vous dérange pas.

4. INT. SALLE À MANGER – ENSUITE

ARTHUR et LÉODAGAN ont placé BUZIT et son instrument sur le Trône d'ARTHUR et le menacent avec leur dague.

LÉODAGAN – Je vous garantis que la mémoire va vous revenir !

BUZIT – Mais enfin, comment voulez-vous que je me concentre ?

GUENIÈVRE – Mais laissez-le, enfin ! Il a même pas mangé !

ARTHUR – Figurez-vous que si le Roi Loth est mort, ça a certaines importances qui dépassent un peu les crudités !

SÉLI – Si le Roi Loth est mort, je me demande bien ce qu'ils foutent, vos fameux espions ! Parce que vous devez les payer un peu plus cher que deux pièces d'or et un repas chaud !

ARTHUR et LÉODAGAN se regardent.

LÉODAGAN *(à Buzit, violent)* – Allez, enquille !

BUZIT *(chantant timidement)* –

 « *Ami barde n'eut point ripaille,*
 Partit sans pain et sans fruit… »

(parlant) D'ailleurs, c'est comme moi, je vous préviens. Si vous me mettez à la porte sans manger, dans une semaine, il y a une chanson sur vous !

ARTHUR – La suite, Vingt Dieux !

BUZIT *(chantant)* – « Quand chanta pour funérailles… »

BUZIT hésite.

LÉODAGAN – Eh ben ?

BUZIT *(chantant)* – « *Na-na-na pour funérailles,*
 Du… »

(parlant) Non, attendez. *(chantant)*– « Du Roi… »,
non…
« Du prince…
des… »

Arthur – Du Roi Loth ?

Buzit – Non, je l'ai perdu.

FERMETURE

5. INT. SALLE À MANGER – PLUS TARD

*Léodagan et Arthur ont consenti à laisser Buzit
manger. La bouche pleine, le barde explique les
ficelles de son métier.*

Buzit – Si je dis qu'il est mort, ça veut pas forcément
dire qu'il est mort ! C'est une chanson…

Arthur – Je vois pas l'intérêt de dire que le Roi Loth
est mort s'il est pas mort.

Buzit – Ça dramatise ! S'il y a des vieux, des fois, ça les
fait pleurer : on ramasse beaucoup plus de pognon,
après… Parce que moi, je passe avec le chapeau, normalement. *(à Arthur)* Tenez : vous qui êtes bien popu-
laire, quand je chante que vous mort…

NOIR

Buzit *(over)* – … eh ben je vous raconte pas ce qui
tombe !

8
Codes Et Stratégies

A. ASTIER

3 CORS

1. EXT. COLLINE DE COMMANDEMENT – JOUR

ARTHUR, LANCELOT et LÉODAGAN s'apprêtent à commander leurs hommes dans la furieuse bataille qui débute dans la plaine. KAY, le sonneur, teste sa corne d'appel avant le début des hostilités.

ARTHUR *(surpris)* – Bah… *(à Kay)* Qu'est ce qui vous prend? J'ai rien dit encore!

KAY – Je suis désolé mais il faut bien que je la teste…

ARTHUR *(très fort, aux guerriers)* – Non, mais c'est rien! C'est rien! C'était pour tester la corne!

LÉODAGAN *(dur, à Kay)* – C'est bon maintenant, elle marche?

OUVERTURE

2. EXT. COLLINE DE COMMANDEMENT – PLUS TARD

La bataille fait rage. Les hommes d'ARTHUR ne semblent pas mener le combat.

ARTHUR *(aux hommes, avec de grands gestes)* – Là ! Là ! Mais ne courez pas comme des cons ! *(abattu, à Kay)* Donne un coup de tû-tût, toi.

KAY fait sonner la corne.

LANCELOT – Drapeau noir.

KAY lève le fanion noir.

LANCELOT – Drapeau rouge deux fois.

KAY lève deux fois le fanion rouge.

LÉODAGAN – Mais ils font pas du tout ce qu'on leur demande, ils partent à droite !

LANCELOT – C'est pourtant clair… *(à Arthur)* Qu'est-ce que je fais, je relance ?

ARTHUR hausse les épaules en guise de réponse.

LANCELOT – Je relance ou je relance pas ?

ARTHUR – Relancez si ça vous chante, qu'est-ce que vous voulez que je vous dise, moi ?

LANCELOT *(à Kay)* – Appel.

KAY fait sonner la corne.

LÉODAGAN – Déjà à la corne, ils regardent même pas vers ici, alors on peut bien agiter tous les drapeaux qu'on veut…

ARTHUR *(à Kay)* – Insiste ! Allez, du souffle !

KAY sonne la corne trois ou quatre fois, plus fort.

ARTHUR *(aux hommes)* – Ho ! Si on vous emmerde, vous prévenez ! *(recevant quelques regards)* Bah oui, c'est un peu là que ça se passe !

3. EXT. COLLINE DE COMMANDEMENT – ENSUITE

Les Chefs de Guerre ont visiblement obtenu un peu d'attention de la part des guerriers.

LANCELOT – Drapeau noir.

KAY lève le fanion noir.

LANCELOT – Drapeau rouge.

KAY lève le fanion rouge.

LANCELOT – Drapeaux en « V ».

KAY lève les deux fanions en formant un « V ».

LÉODAGAN *(ironique)* – C'est quand même magnifique une armée bien coordonnée.

ARTHUR regarde LÉODAGAN avec dureté.

LÉODAGAN – Quoi ? Vous allez pas me dire qu'on n'a pas l'air con avec nos drapeaux ? Ça fait une heure qu'on fait des signes, il y en a pas un qui va dans le même sens !

LANCELOT – Ils ont du mal avec le code…

LÉODAGAN – Ils ont du mal avec tout !

ARTHUR *(à lui-même)* – C'est pas possible, il y a quand même pas cinquante trucs à retenir : débordements gauche et droit, charge, retrait, deux ou trois codes spéciaux pour les archers… merde!

LANCELOT – Mais je sais! En plus, il est clair, ce code! Enfin, il me semble bien…

KAY – Peut-être qu'il aurait fallu moins de signes différents et plus de couleurs.

LÉODAGAN – Bien sûr. Comme ça, au lieu de confondre les signes, ils auraient confondu les couleurs.

ARTHUR *(s'énervant franchement)* – Vous vous rendez compte qu'on était deux fois plus nombreux qu'eux et qu'on va quand même perdre parce que ces débiles sont même pas foutus de retenir trois signes de code?

LANCELOT – On n'a pas encore perdu…

LÉODAGAN *(intrigué par quelque chose dans le combat)* – Hé, il y a une faille à gauche, là!

LANCELOT – Allez, il faut la tenter, celle-là!

ARTHUR *(à Kay, agressif)* – Fais marcher ton tsoin-tsoin, toi!

KAY fait sonner la corne.

LÉODAGAN – Bon Dieu mais c'est pas vrai! Ils regardent pas vers ici!

LANCELOT – On double l'appel!

KAY sonne de nouveau.

LÉODAGAN – Non mais ils se foutent de nous ou quoi?

LANCELOT – On triple l'appel?

ARTHUR – « On triple… » *(à Kay)* Donne ton zinzin, allez!

*Il se saisit de la corne et souffle de toutes ses
forces.*

ARTHUR – Ho! Là!

Il s'époumone.

ARTHUR – Là! *(il sonne)* Là! *(il sonne)* Là! *(il sonne et
re-sonne)* Làààààààààà! *(il sonne de façon musicale)*
Sortez-vous les doigts du cul!

ARTHUR jette la corne.

4. EXT. COLLINE DE COMMANDEMENT – ENSUITE

*Les guerriers sont au plus mal. LANCELOT et
LÉODAGAN sont au dernier stade de l'inquiétude.
ARTHUR, parfaitement détaché de la situation,
regarde distraitement son armée périr en
grignotant un morceau de pain.*

LANCELOT – Oh là là… Il faut sonner la retraite, là… *(à
Arthur)* Sire?

ARTHUR – Hein?

LANCELOT – Je suis désolé, si on veut avoir une chance
de sauver encore quelques hommes, il faut sonner la
retraite!

ARTHUR – Ils écoutent pas quand on sonne.

LÉODAGAN – Peut-être que quand c'est la retraite, ils
écoutent…

ARTHUR – Faites comme vous voulez, moi, ça m'est égal.

LANCELOT – Bon. Appel.

KAY sonne la corne.

LÉODAGAN – Ben ça marche, ils se tirent!

KAY – Mais… j'ai pas fait les signes, encore!

LÉODAGAN – Peut-être mais n'empêche qu'ils se tirent!

LANCELOT – Mais ils ont pas le droit de décider la retraite d'eux-mêmes! On l'a dit et redit, ça!

ARTHUR *(distrait)* – Moi, prochaine bataille rangée, je reste à Kaamelott.

LÉODAGAN – Quoi? Dites pas de conneries…

LANCELOT – Vous pouvez pas faire ça…

ARTHUR – Je vais vous dire, ils attaquent comme ils veulent, ils passent par où ils veulent, quand ils perdent, ils décident de se tirer sans s'occuper de personne… Je suis Chef de Guerre, moi. Je suis pas là pour secouer des drapeaux et jouer de la trompette.

FERMETURE

5. EXT. COLLINE DE COMMANDEMENT – PLUS TARD

LANCELOT, LÉODAGAN et KAY restent seuls sur la colline. La bataille est terminée.

LANCELOT – Il va falloir qu'on trouve un code plus simple.

KAY – C'est pas le code qui va pas…

LANCELOT – Je sais pas ce qui va pas mais il va falloir que ça aille!

LÉODAGAN – C'est sûr que les hommes vont pas pouvoir se prendre une dérouillée par semaine comme ça pendant longtemps…

LANCELOT – Les hommes, c'est une chose mais c'est surtout lui… *(désignant la direction par où Arthur est parti)* Un Chef de Guerre qui commande plus, c'est pas bon. Il va déprimer, il va se mettre à bouffer, il va prendre quarante livres…

NOIR

LÉODAGAN *(OVER)* – Ouais, alors faut voir, peut-être qu'en changeant le code…

9
Le Maître D'Armes

A. Astier

3 CORS

1. INT. CHAMBRE D'ARTHUR – MATIN

Guenièvre est réveillée ; Arthur dort encore.

Guenièvre – Dites, c'est pas aujourd'hui, votre entraînement avec le Maître d'Armes ?

Arthur *(endormi)* – Heu… Je sais plus quel jour c'est.

Dehors, le Maître d'Armes provoque Arthur en hurlant.

Le Maître d'Armes *(off)* – Ha, ha, Sire ! Je vous attends ! À moins que vous ne préfériez qu'on dise partout que le Roi est une petite pédale qui pisse dans son froc à l'idée de se battre ?

Arthur *(toujours endormi)* – Ouais, c'est aujourd'hui, je crois.

OUVERTURE

2. EXT. ENCEINTE DU CHÂTEAU – JOUR

ARTHUR, muni d'Excalibur, pare tant bien que mal les assauts énergiques du MAÎTRE D'ARMES.

ARTHUR – Allez-y doucement, quoi! C'est de l'entraînement!

LE MAÎTRE D'ARMES – Il y a pas de « doucement » qui tienne! Vous allez me faire le plaisir de vous remuer un peu les miches, Sire! J'ai l'impression de me battre contre une vieille!

ARTHUR – Mais on se bat pas là! C'est juste deux-trois passes histoire de se dégourdir…

LE MAÎTRE D'ARMES – Vous appelez ça des passes, vous? Moi, j'appelle ça des politesses! Allez, petite femelle!

Il attaque ARTHUR qui évite la lame de justesse.

ARTHUR – Non mais vous êtes dingue! Vous pourriez prévenir!

LE MAÎTRE D'ARMES – Le jour où vous tombez sur un ennemi, ça m'étonnerait qu'il vous prévienne!

ARTHUR – En attendant vous êtes pas mon ennemi et vous avez failli me couper un bras!

LE MAÎTRE D'ARMES – S'il faut ça pour vous réveiller, ça me fait pas peur!

ARTHUR – Ah non mais vous êtes quand même bien allumé, hein!

LE MAÎTRE D'ARMES – Allez, en garde, ma mignonne!

ARTHUR *(soufflant)* – C'est obligé, les surnoms féminins?

LE MAÎTRE D'ARMES monte à l'assaut.

LE MAÎTRE D'ARMES – Ha, ha!

3. EXT. ENCEINTE DU CHÂTEAU – ENSUITE

ARTHUR est épuisé; LE MAÎTRE D'ARMES est en pleine forme.

LE MAÎTRE D'ARMES – Alors, Sire! C'est pas le tout d'avoir une épée magique, pas vrai? Encore faut-il savoir s'en servir!

ARTHUR – Mais enfin, arrêtez de me prendre pour une bleusaille! En combat réel, figurez-vous que je me défends pas trop mal!

LE MAÎTRE D'ARMES – Eh bien mettons que vous êtes en combat réel et montrez-moi ce que vous avez dans le slibard , petite pucelle!

ARTHUR *(posant son épée)* – Ah non, là, j'arrête!

LE MAÎTRE D'ARMES – Mais pourquoi?

ARTHUR – Parce que vous m'emmerdez avec vos conneries!

LE MAÎTRE D'ARMES – Un personnage de votre trempe se doit d'être entraîné, Sire!

ARTHUR – Je parle pas de ça! Je parle de vos provocations à deux ronds! J'en ai marre!

LE MAÎTRE D'ARMES – C'est comme ça qu'on fait, Sire. Pour stimuler la colère! Sans ça, on peut rien faire.

ARTHUR – Non mais à quoi ça rime de me traiter de pucelle, je vous le demande?

LE MAÎTRE D'ARMES *(noble)* – Sire, aucun homme à la cour ne vous est plus dévoué que moi. J'ai donné mon arme et mon cœur à la gloire de votre Divine Destinée. C'est justement l'amour profond que je vous porte qui m'empêcherait de lever mon arme sur vous.

ARTHUR – Moi pareil. Je vous aime bien, aussi. J'ai pas envie de vous cogner sur la tronche.

Le Maître d'Armes – C'est pour ça qu'on s'insulte! Pour oublier qu'on s'apprécie. *(en garde)* En garde, espèce de vieille pute dégarnie!

Arthur souffle ; il est découragé.

Le Maître d'Armes – Allez, Sire, un petit effort. Balancez-moi une bonne insulte!

Arthur – Ben, il faut que j'en trouve…

Le Maître d'Armes – N'importe quoi… Ce qui vous vient pourvu que ce soit vexant.

Arthur *(sans conviction)* – Allez, en garde… Heu… Fils d'unijambiste!

À ce mot, Le Maître d'Armes baisse sa garde.

Le Maître d'Armes – Quoi? Mais… Sire…

Arthur – Qu'est-ce qu'il y a? J'ai dit, une connerie?

Le Maître d'Armes – Mais… c'est pas une insulte, ça… C'est vrai!

Arthur – Je sais oui. Vous avez pas dit que ça devait être faux!

Le Maître d'Armes *(en colère)* – J'ai pas dit que ça devait être vrai!

Arthur – Vous avez dit que ce soit vexant! Ben voilà, vous êtes vexé! Vous êtes content!

4. INT. ENCEINTE DU CHÂTEAU – ENSUITE

Le Maître d'Armes est profondément blessé dans son orgueil.

Le Maître d'Armes – Je trouve révoltant d'utiliser l'infirmité d'un père à des fins de…

ARTHUR *(le coupant)* – Profitez-en ! Traitez-moi de grosse gouine et attaquez, puisque vous êtes en colère !

LE MAÎTRE D'ARMES – Je ne suis pas en colère, Sire ! Je suis parfaitement outré ! Qu'est-ce que vous diriez si je me permettais d'en faire autant ?

ARTHUR – Mais moi, mon père n'est pas unijambiste ! Je suis désolé !

LE MAÎTRE D'ARMES – Encore ? Mais à la fin, est-ce que ça va finir ?

ARTHUR – Ca va ! Venez pas faire pas votre mijaurée ! Moi, ça fait depuis ce matin, je me fais traiter de gonzesse, j'en fais pas un cake !

LE MAÎTRE D'ARMES – « Gonzesse », c'est une formule ! Je ne le pensais pas ! Si j'avais voulu taper dans les potins, j'aurais très bien pu parler du vôtre, de père !

ARTHUR – Quoi ?

LE MAÎTRE D'ARMES – Au hasard, l'épisode de la grange de Brigit.

ARTHUR – Quelle grange ?

LE MAÎTRE D'ARMES – Celle où il s'était endormi dans le foin et où il s'est fait chier dessus par un bouc !

ARTHUR contient sa colère.

ARTHUR – OK ! alors là, ça va être un bain de sang...

FERMETURE

5. INT. CHAMBRE D'ARTHUR – SOIR

ARTHUR, copieusement taillardé à plusieurs endroits du visage, est au lit à côté de GUENIÈVRE.

GUENIÈVRE – Il me semble qu'il était musclé, l'entraînement, hier... ?

Arthur – On a un peu chargé, ouais… Ça fait du bien.

Le Maître d'Armes *(off, par la fenêtre)* – Sire! Mon père est peut-être unijambiste mais moi, ma femme a pas de moustache!

Guenièvre *(choquée)* – Qu'est-ce qu'il dit?

Arthur *(se levant, saisissant un fléau d'armes)* – Rien. C'est rien. On fait semblant pour se stimuler.

NOIR

Le Maître d'Arme *(over)* – Alors ça vient? Petite bite!

10
Le Négociateur

A. ASTIER

3 CORS

1. INT. CHAMBRE D'ARTHUR – MATIN

ARTHUR et GUENIÈVRE sont au lit. ARTHUR dévore un petit déjeuner gargantuesque. Il est en pleine forme.

GUENIÈVRE *(mal réveillée)* – C'est aujourd'hui que vous partez repousser les barbares ?

ARTHUR – Ouais ! Va y avoir du sport, c'est moi qui vous le dis !

ARTHUR mange, tout en donnant des coups de poing à des agresseurs virtuels.

GUENIÈVRE *(se rapprochant de lui)* – J'aime bien quand vous partez aux combats. Vous êtes toujours joyeux !

Machinalement, de bonne humeur, elle picore dans le repas d'ARTHUR. Celui-ci récupère immédiatement ce qu'elle vient de lui prendre.

ARTHUR – Non non… Commencez pas, s'il vous plaît.

OUVERTURE

2. INT. SALLE DE LA TABLE RONDE – JOUR

LÉODAGAN affûte son arme ; PERCEVAL mange un morceau de pain. arrive.

ARTHUR – Bonjour à vous. Restez assis, restez assis.

LÉODAGAN et PERCEVAL, qui avaient oublié de se lever, se lancent un regard gêné.

ARTHUR – Je sais pas vous, mais j'ai une patate, ce matin !

LÉODAGAN – Ah moi pareil ! Il va y avoir de la danse, j'aime autant vous le dire !

ARTHUR – Je connais deux trois barbares qui feraient bien de s'échauffer !

Ils rient.

LÉODAGAN *(à Perceval)* – Et vous ?

PERCEVAL *(imitant l'énergie des deux autres)* – Ah, ça va. La pêche, la pêche ! Qu'est-ce qu'il y a de prévu pour aujourd'hui ?

ARTHUR et LÉODAGAN se regardent interloqués.

ARTHUR *(à Perceval)* – Comment ça se fait que vous êtes pas en armure ?

PERCEVAL – En armure ? Pourquoi, il y a un tournoi ?

LÉODAGAN *(perdant patience)* – Non mais vous vous foutez de nous, non ? Les envahisseurs barbares, ça vous dit quelque chose ?

ARTHUR – La réunion de bataille, hier soir, ça vous rappelle rien ? Il m'a pas semblé vous voir roupiller, pourtant…

PERCEVAL – Non mais oui, bien sûr, mais c'est fini cette histoire-là !

LÉODAGAN – Qu'est-ce qui est fini?

PERCEVAL – Ben, ils s'en vont, les envahisseurs! Bohort a négocié comme un Chef, il y a même pas besoin de se remuer les doigts de pied!

ARTHUR et LÉODAGAN se regardent sans comprendre.

PERCEVAL – Je croyais que c'était pour ça que vous étiez contents…

3. INT. SALLE DE LA TABLE RONDE – PLUS TARD

BOHORT a été appelé par ARTHUR. Très fier de sa pirouette diplomatique, il pense avoir affaire à de chaleureuses félicitations.

ARTHUR *(à Bohort)* – Qu'est-ce que c'est que cette histoire de solution diplomatique?

BOHORT – J'ai réussi à éviter la catastrophe, Sire. Le sang ne coulera pas.

PERCEVAL – On a eu chaud!

BOHORT – Il y a plus qu'à recevoir leur Chef.

ARTHUR – Recevoir leur Chef pour quoi faire?

BOHORT *(avec évidence)* – Pour signer le traité!

ARTHUR *(gardant son calme)* – Le traité de quoi?

BOHORT – Ben comme quoi on leur cède les marais!

ARTHUR *(prenant la faute à son compte)* – Non mais c'est moi qui suis abruti. *(à Léodagan)* Vous comprenez quelque chose, vous?

LÉODAGAN fait signe qu'il ne comprend pas non plus de quoi il s'agit.

BOHORT – On n'est pas venu vous faire un rapport ?

ARTHUR – Ah non !

BOHORT – Pourtant j'avais bien dit aux gars qu'ils viennent vous voir ! Mais bon, il faut les comprendre : la joie d'avoir été épargnés… *(ému)* Quelle joie quand ils m'ont vu revenir ! « Le négociateur ! », qu'ils criaient… « Le négociateur est de retour ! Vive le Seigneur Bohort ! »

LÉODAGAN *(le coupant)* – Oui, bon. Qu'est-ce que les marais viennent foutre là-dedans ?

PERCEVAL *(fier)* – Attendez, vous allez voir !

BOHORT *(fier)* – Eh bien voilà : en échange des marais du sud-ouest, nous ne serons pas attaqués.

LÉODAGAN – Comment « en échange » ?

ARTHUR – Vous… Vous leur avez quand même pas refilé des terres ?

BOHORT – Oh, des terres… Peut-on seulement appeler ça des terres ?

ARTHUR – Ah ben oui, on appelle ça des terres.

LÉODAGAN *(n'en revenant pas)* – Mais qu'est-ce qui vous a pris de vendre des terres à des ennemis, vous ?

BOHORT – Ah mais je les ai pas vendues !… puisque je les ai cédées…

LÉODAGAN – Mais cédées pour combien ?

BOHORT – Mais pour rien ! Contre nos vies !

PERCEVAL – Ah oui… Moi, franchement, j'aime autant !

LÉODAGAN – Mais il est marteau, c'est pas vrai !

ARTHUR – On était partis pour les dérouiller, Bon Dieu ! Qui vous a demandé d'éviter les combats ? Personne !

LÉODAGAN *(récitant)* – Il donne des terres, lui. Il négocie, il arrange les bidons… *(en colère, à Bohort)* Faudrait savoir si vous êtes Chevalier ou promoteur !

BOHORT et PERCEVAL échangent un regard désemparé.

4. INT. SALLE DE LA TABLE RONDE – ENSUITE

BOHORT tente de minimiser son erreur auprès des autres.

BOHORT – Je suis vraiment confus ! J'avais pas pensé que Kaamelott était encerclé par les marais…

PERCEVAL – C'est vrai que dans l'urgence du truc…

LÉODAGAN *(ironique)* – Oh bah, c'est pas bien grave ! Au lieu de nous attaquer juste par le sud, ils nous attaqueront de tous les côtés en même temps !

ARTHUR *(ironique)* – Ah, ils sont chez eux. Ils font comme ils veulent.

BOHORT – Mais enfin, il y a aucune raison qu'ils soient encore agressifs ! Maintenant qu'ils ont obtenu les marais…

PERCEVAL – Peut-être qu'ils vont juste y mettre des petits cabanons !

ARTHUR – Oui, pour leurs vacances, aux barbares, ça leur fait un joli petit pied-à-terre !

Soudain, LANCELOT fait irruption dans la pièce.

LANCELOT – Sire ! Les barbares ont avancé des catapultes jusqu'aux bords des marais. On est encerclés !

LÉODAGAN – Tiens donc !

ARTHUR *(très en colère, à Bohort)* – Vous êtes fier de vous ?

PERCEVAL – Bah, de toute façon, vous aviez bien prévu d'aller les dérouiller? Ça change pas grand-chose au programme!

BOHORT – On en profitera juste pour récupérer nos marais…

FERMETURE

5. INT. CHAMBRE D'ARTHUR – NUIT

ARTHUR et GUENIÈVRE sont au lit.

GUENIÈVRE – Quel dommage quand même, qu'on ait perdu ces jolis marais!

ARTHUR – Non mais on les a récupérés, finalement.

GUENIÈVRE – Mais… On les avait perdus quand?

ARTHUR – Ce matin.

GUENIÈVRE – Et quand est-ce qu'on les a récupérés?

ARTHUR – Cet après-midi.

GUENIÈVRE *(impressionnée)* – Oh, ça va un peu trop vite pour moi.

NOIR

ARTHUR *(OVER)* – Il y a un paquet de trucs qui vont trop vite pour vous…

11
Dîner Dansant

A. ASTIER

1. INT. SALLE À MANGER – SOIR

ARTHUR dîne avec GUENIÈVRE, LÉODAGAN, SÉLI et YVAIN.

SÉLI *(à Yvain)* – Donnez votre écuelle, je vous sers des navets.

YVAIN – J'ai pas faim.

SÉLI *(soudain très fort)* – Vous mangez!

ARTHUR sursaute.

ARTHUR – C'est bien reposant, les repas avec vous.

OUVERTURE

2. INT. SALLE À MANGER – PLUS TARD

Le dîner se poursuit. YVAIN ne mange pas et semble bouder.

LÉODAGAN *(à propos de son fils)* – Qu'est-ce qu'il a à faire la gueule, celui-là, encore?

Yvain – Je fais pas la gueule.

Arthur *(à lui-même)* – Qu'est-ce que ça doit être !

Guenièvre – Fichez-lui la paix.

Séli *(à Arthur)* – Monsieur voulait aller dîner chez votre neveu Gauvain, figurez-vous.

Arthur – Et pourquoi il y est pas allé ?

Séli – Parce que j'estime que sa place est ici, c'est tout.

Guenièvre – Il peut bien aller de temps en temps chez son copain…

Séli – Ah vous, occupez-vous de votre cuillère, ça vaut mieux.

Léodagan *(à sa femme)* – Eh ben vous m'avez l'air en forme, vous, ce soir !

Séli – Vous, je vous demande pas de me soutenir, ça serait miraculeux !

Léodagan – Qu'est-ce que vous voulez que ça me foute, à moi, qu'il bouffe ici ou chez Gauvain ? De toute façon, il dit tellement rien qu'on dînerait avec un tabouret, ce serait pareil.

3. INT. SALLE À MANGER – ENSUITE

Le ton monte.

Séli *(à Léodagan)* – Alors là, je vous comprends plus ! *(désignant Guenièvre)* Celle-là, on la marie au Roi, bon. *(désignant Yvain)* Celui-là, on le colle à la Table Ronde, très bien. Tout ce petit monde est casé. J'estime que la moindre des choses – quand on a la chance d'être admis à la table du Roi – c'est d'y être !

ARTHUR – Entre parenthèses, j'espère que vous avez casé tout ce que vous vouliez caser parce que moi, là, je compte pas accueillir les oncles, les tantes et toute l'équipe !

GUENIÈVRE – Dites tout de suite qu'on est des poids !

ARTHUR – Sans être des poids, si vous étiez pas là, je dînerais déjà plus calmement.

LÉODAGAN – Un petit différend familial, vous pouvez supporter ça une fois de temps en temps, non ?

ARTHUR – « Une fois de temps en temps » ? Eh ben, vous manquez pas d'air !

SÉLI – Tout dépend de ce que vous appelez un différend.

ARTHUR – Ah bah, à partir du moment où on commence à péter la vaisselle, je pense que le terme est pas excessif !

GUENIÈVRE – N'exagérez pas quand même ! Il y a des soirs, c'est calme.

SÉLI – Hier, il y a pas eu un mot plus haut que l'autre.

YVAIN – Il y a père qui a dit qu'Arthur, c'était un emmerdeur et que des rois comme ça, il en faisait un tous les matins.

ARTHUR – Tiens ! Il y a pas eu un mot plus haut que l'autre ?

LÉODAGAN – Je l'ai pas dit fort !

SÉLI – Comme ça, c'est sûr, sorti de son contexte…

ARTHUR – Ah, mais il y a toujours un contexte pour se mettre sur la gueule, j'ai jamais dit le contraire ! Mais ça brasse tous les soirs, c'est tout. Même votre fils, il en a marre, il préfère aller chez Gauvain. C'est pas moi qui l'invente.

Séli – C'est pas de ça dont il a marre!

Yvain – Ah si. Moi, les disputes, ça me coupe l'appétit.

Guenièvre *(se moquant)* – Il est sensible, il aime pas quand ça crie.

Yvain – Vous, on vous a rien demandé, espèce de grosse conne.

Séli *(choquée)* – Oh! Vous voulez une tarte?

Léodagan – On parle pas comme ça à sa sœur!

Guenièvre *(à elle-même)* – Petit pédé, va.

Séli *(à Guenièvre)* – Et vous, c'est pas parce que vous êtes Reine que ça peut pas tomber aussi!

Arthur *(satisfait)* – Pas un mot plus haut que l'autre. Familial, chaleureux, satiné…

4. INT. SALLE À MANGER – ENSUITE

La dispute continue.

Arthur – Tenez, Calogrenant en Calédonie, il mange avec ses Ministres, et sa famille, ils sont dans la pièce d'à côté. *(à Léodagan)* C'est pas vrai peut être?

Léodagan – Calogrenant, c'est le Roi des cons.

Arthur – Non mais ça, c'est un fait. N'empêche qu'il doit avoir des soirées plus paisibles.

Séli – Ça va. On disait juste que le petit avait pas à dîner chez son ami Gauvain parce que c'est le beau-frère du Roi.

Arthur *(amusé, croyant à une exagération)* – Oh, le beau-frère du Roi… *(réalisant)* Oh putain, oui! Le beau-frère du Roi!

YVAIN – Je suis bien le frère de votre femme !

ARTHUR – Oui, oui, non mais j'avais pas fait le rapprochement.

YVAIN – Moi, je l'avais fait. C'est même à cause de ça que je peux pas dîner où je veux.

ARTHUR – Si, mais allez-y, chez Gauvain.

SÉLI – Quoi ? Il n'en est pas question !

ARTHUR – Ah dites ! Je suis son supérieur militaire et c'est un ordre ! Et si vous la ramenez, à partir de demain, vous dînez dans la pièce d'à côté !

LÉODAGAN – Pourquoi à partir de demain ? Maintenant que l'idée est lancée…

FERMETURE

5. INT. SALLE À MANGER – PLUS TARD

Le siège d'YVAIN est vide. L'atmosphère est toujours tendue.

GUENIÈVRE – Oh et puis c'est normal : à son âge, on n'a pas envie de manger avec des vieux…

SÉLI – Avec des vieux ?

LÉODAGAN *(à sa fille)* – Allez dîner chez Gauvain, vous aussi !

GUENIÈVRE – Quoi ?

LÉODAGAN – C'est un ordre !

SÉLI – Ah non mais c'est une marotte, d'aller dîner chez Gauvain, ce soir !

LÉODAGAN – Tenez bah allez-y aussi, vous. Ça vous fera digérer. *(à Arthur)* En fait, c'est pas dans la pièce d'à côté, qu'il faut les envoyer…

NOIR

LÉODAGAN *(OVER)* – … c'est chez Gauvain.

12
Le Sixième Sens

A. Astier

3 CORS

6. INT. TAVERNE – JOUR

Perceval et Karadoc sont à leur table habituelle.
Le Tavernier arrive.

Le Tavernier – Eh ben, ils finissent pas leur coupette?

Karadoc – Ça passe pas.

Perceval – On est noués.

Le Tavernier – À cause…?

Perceval – On est convoqués à la Table Ronde.

Le Tavernier – Vous avez fait une connerie?

Karadoc – Une connerie, évidemment… Mais de là à être convoqués…

Perceval – On a dû en faire une sévère…

OUVERTURE

7. INT. SALLE DE LA TABLE RONDE – JOUR

Arthur, Perceval et Karadoc sont assis à la table.

Karadoc – Qu'est-ce qu'on attend, là, déjà?

ARTHUR – Ça fait la vingtième fois que je vous le dis : on attend une apparition de la Dame du Lac.

KARADOC – Ah ouais, c'est ça.

PERCEVAL – La Dame du Lac, par rapport à vous déjà, c'est… ?

ARTHUR – Comment, par rapport à moi ?

PERCEVAL – Votre cousine ?

ARTHUR – Mais absolument pas…

KARADOC – Il paraît qu'elle accepte de voir que vous.

ARTHUR – Alors, pour la trentième fois – ça aussi – c'est pas qu'elle accepte de voir que moi, c'est qu'il y a que moi qui peux la voir.

KARADOC – Bah oui, du coup…

PERCEVAL – Si elle accepte de voir que vous…

ARTHUR – Non. Il y a que moi qui peux la voir. *(constatant la mine des deux autres)* Oh, putain. Il y a que moi qui ai la possibilité physique, sensorielle de la voir. Vous, vous pouvez pas !

PERCEVAL – Bah, si elle veut pas, on va pas la forcer !

ARTHUR – Ah merde ! Là !

8. INT. SALLE DE LA TABLE RONDE – PLUS TARD

LA DAME DU LAC est apparue.

ARTHUR *(à la Dame du Lac)* – Voilà, vous me les avez demandés, ils sont là.

PERCEVAL et KARADOC se regardent sans comprendre.

La Dame du Lac – Vous savez que l'un d'entre eux a une destinée tout à fait exceptionnelle… Par exemple…

Perceval – À qui vous parlez, là ?

Arthur *(à la Dame du Lac)* – Attendez, une seconde. *(à Perceval)* Je vous ai expliqué : je parle à la Dame du Lac.

Perceval – Elle va venir ?

Karadoc – Pas si on est là, elle veut voir que lui !

Arthur – Elle est là ! Mais vous pouvez pas la voir !

La Dame du Lac – Je sais pas si c'est tellement la peine d'insister…

Arthur – Vous êtes sûre qu'ils ont une destinée exceptionnelle ?

Karadoc – Qui ça ?

La Dame du Lac – Attendez, celui avec les yeux bleus, là ? Très gros potentiel…

Arthur – Perceval ? Vous vous foutez de moi ?

La Dame du Lac – Pas du tout…

Perceval – Je me fous pas de vous, j'ai rien dit…

Karadoc – Si votre cousine arrive, on va peut-être vous laisser…

La Dame du Lac – Perceval de Galles, c'est ça ?

Arthur – Ouais eh ben ?

La Dame du Lac – Dans vingt siècles, on en parle encore.

Perceval – Sire, ça devient flippant, là…

Arthur *(aux Chevaliers, énervé)* – Mais vous allez fermer vos mouilles, oui ? Je vous explique en long, en large et en travers que je m'adresse à quelqu'un que vous ne pouvez pas voir !

LA DAME DU LAC – Non, mais vous énervez pas…

ARTHUR *(continuant)* – Alors vous restez là, vous la bouclez et vous attendez deux minutes que j'aie fini !

LA DAME DU LAC – Attendez, il faut se mettre à leur place : c'est quand même pas facile à comprendre…

ARTHUR – Quand c'est facile à comprendre, ils comprennent pas non plus !

KARADOC – Mais qui ?

ARTHUR se contient pour ne pas faire une crise de nerfs.

9. EXT. ENCEINTE DU CHÂTEAU – JOUR

ARTHUR et les deux Chevaliers sont sortis après l'entrevue.

ARTHUR – Voilà. Ça s'est pas trop mal passé !

PERCEVAL – Ah, bah, nous, au bout d'un moment, on a préféré plus rien dire.

ARTHUR – Voilà. Donc du coup, ça s'est pas trop mal passé. Alors, j'ai donc un message pour vous de la part de la Dame du Lac.

KARADOC – Ah, mais vous l'avez vue, finalement ?

ARTHUR – Taisez-vous. La Dame du Lac me charge de vous dire que vous… *(désignant Perceval)* Alors plutôt vous, visiblement… *(aux deux)* seriez susceptibles d'accéder à une destinée hors du commun.

PERCEVAL – J'ai rien compris.

ARTHUR perd patience.

PERCEVAL *(se retournant vers Karadoc)* – Non, ou alors, c'est moi?

KARADOC – Non, moi non plus, j'ai rien compris.

ARTHUR – Non, mais c'est moi. *(expliquant très lentement)* En ce moment, vous, c'est pas terrible. Les quêtes, la gloire, la légende… c'est pas terrible.

Les deux Chevaliers mesurent la phrase d'ARTHUR.

ARTHUR – Non mais ne réfléchissez pas, je vous l'affirme : c'est pas terrible! C'est nul! Nul, nul, archi-nul, vous êtes des zéros! Eh bien, soyez patients : ça va aller mieux.

PERCEVAL – Mais quand?

ARTHUR – J'ai pas d'information précise mais, à mon avis, c'est pas pour après-demain.

FERMETURE

10. INT. TAVERNE – JOUR

KARADOC et PERCEVAL sont assis à leur table; cette fois, ils boivent de bon cœur. LE TAVERNIER est là, ravi de les voir revigorés.

LE TAVERNIER – Eh ben? Ils se sont pas trop fait engueuler, on dirait!

KARADOC – Figurez-vous qu'on a un destin!

PERCEVAL – Alors regardez bien nos tronches parce que vous allez plus les voir longtemps. On a autre chose à foutre que de se râper les miches sur les tabourets de votre boui-boui!

KARADOC *(désignant sa coupe)* – D'ailleurs, on finit celui-là et on se tire.

Ils se lèvent. Le Tavernier reste interdit.

NOIR

PERCEVAL *(over)* – Quand je pense qu'on a failli gâcher un destin pareil à boire des canons…

13
Arthur Et La Question

A. ASTIER

3 CORS

1. INT. CHAMBRE D'ARTHUR – SOIR

*ARTHUR lit un parchemin, prêtant à peine l'oreille
aux paroles de sa femme.*

GUENIÈVRE – Aujourd'hui, j'ai fait tailler le rosier de
l'arrière-cour parce qu'il en avait drôlement besoin.

ARTHUR ne réagit pas.

GUENIÈVRE – Et vous ? Vous me racontez pas votre petite
journée ?

ARTHUR – Attendez, il faut le temps d'encaisser la vôtre,
déjà. Pas toutes les émotions d'un coup !

GUENIÈVRE est dépitée.

OUVERTURE

2. INT. SALLE DE LA TABLE RONDE – JOUR

*ARTHUR, ses Chevaliers et PÈRE BLAISE sont en
réunion de la Table Ronde.*

GALESSIN – Sire, moi, je cherche juste à comprendre !

CALOGRENANT – On réussit à mettre la main sur le voleur de bétail, il refuse de donner le nom de son complice : qu'est-ce qu'on attend ?

ARTHUR – Qu'est-ce qu'on attend pour quoi ? *(vérifiant auprès de Père Blaise)* Il veut toujours pas parler ?

PÈRE BLAISE – Toujours pas. Il dit qu'il nous emmerde.

CALOGRENANT – En plus !

GALESSIN – On passe pour quoi, je vous le demande !

BOHORT – Qu'est-ce que vous voulez qu'on y fasse ?

CALOGRENANT – C'est pourtant pas les solutions qui manquent !

LÉODAGAN *(à Arthur)* – C'est vrai que c'est curieux, cette manie de pas vouloir torturer. Ça vient de quoi, ça ?

ARTHUR – Ça vient que chez moi, il y a pas de torture, voilà.

BOHORT – Et c'est très bien comme ça.

GALESSIN – Ah oui, c'est très bien ! C'est moderne !

CALOGRENANT – En attendant, le complice cavale toujours !

LÉODAGAN *(à Arthur)* – La torture, c'est pas ce que vous croyez ! Quand c'est fait par un pro, il y a pas une goutte de sang.

CALOGRENANT – Le simple fait de déballer les outils, le gars, il craque !

ARTHUR – Et s'il craque pas ?

LÉODAGAN – Ah bah là, c'est la boucherie…

3. INT. SALLE DE LA TABLE RONDE – PLUS TARD

Venec est venu présenter ses produits à Arthur.

Venec – Vous mettez le pied de votre gars là-dedans, vous fermez bien et vous serrez la vis jusqu'à ce que vous entendiez le bruit de l'os.

Bohort *(mal à l'aise)* – J'ai chaud. Je me sens pas très bien…

Léodagan *(à Arthur)* – Ça, c'est classique. On en trouve à peu près partout.

Venec – Celui-là, c'est le modèle adulte mais on a toutes les tailles, hein!

Arthur *(un peu écœuré)* – C'est qui qui invente ces trucs? *(à Venec)* Vous les connaissez, les types, non?

Léodagan – Ça a toujours plus ou moins existé, ça.

Venec – De temps en temps, on tombe sur un farfelu qui croit qu'il a inventé l'eau chaude, mais le plus souvent, c'est une adaptation d'un modèle existant. *(sortant un socle surmonté d'une pointe)* Ça par exemple, c'est simple : pour rester sur le thème du pied, vous dites à votre gars de marcher bien au milieu de la pointe… *(il sort une énorme masse)* et tac! Un coup ferme sur le dessus.

Léodagan – C'est pas mal, ça.

Bohort *(au bord du malaise)* – C'est horrible, cette chaleur… Je suis en sudation.

Léodagan – Et l'autre, il a la petite trappe en dessous pour mettre les braises?

Venec – Ah, c'est le modèle au-dessus, il est un poil plus cher.

ARTHUR – Mais le gars qui se fait broyer le pied, qu'est-ce que ça peut lui foutre qu'on lui brûle, en plus?

LÉODAGAN – C'est pour la mise en scène, un peu.

VENEC – Tout ce qui est feu, ça impressionne bien.

BOHORT (*au plus mal, la main sur le cœur*) – J'ai l'impression que je fais des palpitations…

LÉODAGAN – Sinon, vous avez rien de plus festif?

VENEC (*sortant une grosse pince dentée*) – Ah bah, j'ai ça, si vous aimez. C'est pour arracher les noix.

BOHORT – Les noix, les fruits?

VENEC – Non, les noix, les noix.

4. INT. SALLE DE LA TABLE RONDE – ENSUITE

VENEC continue de vanter ses produits.

VENEC (*montrant des petites pinces dentées*) – Ça, ça fait partie de ce que j'appelle la gamme de voyage. Quand vous êtes en déplacement et que vous avez pas envie de vous encombrer avec du bardas, vous avez ça…

LÉODAGAN – Et ça, c'est pour…?

VENEC – Là, vous sectionnez le doigt au niveau de la première phalange.

ARTHUR – C'est déjà moins vicelard, ça, déjà.

BOHORT – Moins vicelard?

ARTHUR – Enfin, comparé au reste!

VENEC – C'est du progressif. Une phalange, une autre phalange, si ça cause pas, vous revenez sur le premier doigt, vous bouffez une phalange en plus… De toute façon, il y a un fascicule livré avec, c'est tout expliqué.

LÉODAGAN – Ça on peut toujours en prendre quatre ou cinq, ça sera jamais perdu.

VENEC – Voilà, on a fait le tour. Sinon, il y a ça… *(il sort une grande cisaille)* C'est le bel outil, aussi.

ARTHUR – On coupe quoi avec ça?

VENEC – Ce qu'on veut, mais c'est plutôt pour tout ce qui est génital.

BOHORT – Ça vous ennuie si je vomis?

FERMETURE

5. INT. CHAMBRE D'ARTHUR – SOIR

ARTHUR explique à GUENIÈVRE le fonctionnement d'un curieux ustensile.

ARTHUR – Donc vous mettez ce bout-là dans un orifice.

GUENIÈVRE *(tétanisée)* – Un orifice?

ARTHUR – Bah, c'est au choix mais classiquement, c'est le… Après, vous piquez le cul du rat avec l'aiguille – bon, là c'est un rat empaillé mais c'est pour vous montrer –, le rat rentre dans l'orifice et il bouffe tout.

ARTHUR sourit en observant sur sa femme les effets de son exposé.

ARTHUR *(souffrant avec sa femme)* – Hein? Ouais.

NOIR

ARTHUR *(OVER)* – Vous avez raison, c'est plus sympa quand on se raconte nos journées.

14
Monogame

A. ASTIER

3 CORS

1. INT. TENTE DE SOINS – JOUR

ARTHUR et DEMETRA sont sous la tente. Entre LE RÉPURGATEUR.

ARTHUR – Tiens, Répurgateur… Qu'est-ce que vous faites là?

LE RÉPURGATEUR – Mes hommages, Sire. Non, je vous cherchais…

DEMETRA *(au Répurgateur)* – Bonjour.

LE RÉPURGATEUR *(soudain hystérique)* – Tais-toi! Arrière! Hérétique! Ne m'adresse pas la parole, Démon!

LE RÉPURGATEUR crache par terre.

LE RÉPURGATEUR *(très calme, à Arthur)* – J'aime pas ça, les femmes… Saloperie, va…

OUVERTURE

2. INT. SALLE DE LA TABLE RONDE – JOUR

*ARTHUR et PÈRE BLAISE reçoivent LE RÉPURGATEUR
qui est posté en face d'eux avec un gros tas de
parchemins et de reliures.*

ARTHUR – Vous vouliez me voir ?

LE RÉPURGATEUR – Oui. Tout à fait. D'ailleurs, merci, Sire,
de me recevoir si vite. Vous savez – je dirais, malgré
l'importance de votre position – rester à l'écoute
d'autrui et cela mérite d'être souligné.

ARTHUR – Mmh. *(désignant le tas de papier)* Qu'est-ce
que c'est que ce fatras ?

LE RÉPURGATEUR – Oh, trois fois rien, Sire. Une loi que
je viens soumettre à votre ratification. Une simple
formalité.

ARTHUR – Une loi ?

LE RÉPURGATEUR – Absolument, Sire. Une loi, tout ce qu'il
y a de plus bénin. Vous signez et voilà, c'est fait, on en
parle plus.

PÈRE BLAISE – Mais… le Roi vous avait déjà donné un
accord de principe ?

ARTHUR – Il me semble pas, non…

LE RÉPURGATEUR – Oh non mais pensez ! J'allais pas vous
faire perdre votre temps avec des accords de principe,
des réunions, des discussions et des bla-bla pendant
des mois ! *(à Arthur)* Comme je sais que vous travaillez
beaucoup et Dieu sait à quel point c'est admirable et
que c'est pas pour rien que le peuple vous acclame…

ARTHUR – Oui bon alors ?

LE RÉPURGATEUR – Du coup, je vous ai tout prémâché.
C'est tout prêt, il y a plus qu'à signer et hop ! On en
parle plus. *(ouvrant un dossier)* Allez ! Un coup de
plume en bas à droite !

Arthur prend une plume.

Arthur – Rappelez-moi juste de quoi il s'agit.

Le Répurgateur – C'est la loi qui interdit la polygamie.

Arthur rend la plume au Père Blaise.

3. INT. SALLE DE LA TABLE RONDE – ENSUITE

Arthur et Père Blaise s'expliquent avec le Répurgateur. Ils ont demandé à Lancelot de prendre part au débat.

Arthur – Alors, si je comprends bien, on pourrait plus avoir plusieurs femmes en même temps. C'est ça ?

Le Répurgateur – Non, on pourrait plus avoir plusieurs femmes.

Arthur – Voilà. Ce serait une à la fois.

Le Répurgateur – Non, non. Ce serait juste une.

Arthur – « Juste une… » Comment ça « juste une » ?

Le Répurgateur – Bon, mettons vous par exemple…

Arthur – Non, pas moi.

Le Répurgateur *(désignant Lancelot)* – Ah pardon. Bon alors, Messire Lancelot…

Lancelot – Non mais moi, ça a rien à voir. J'ai juré ne donner mon âme qu'au véritable amour, dont la pureté n'aurait d'égal…

Arthur *(le coupant)* – Ouais, non, lui, c'est spécial.

Le Répurgateur *(à Arthur)* – Bref, vous par exemple…

Arthur – Non, pas moi.

Le Répurgateur – Oui, c'est vrai.

ARTHUR *(désignant Père Blaise)* – Bon, lui, mettons.

PÈRE BLAISE – Ah bah, non. Moi…

ARTHUR – Ah oui, pardon. Bon bah, moi alors.

LE RÉPURGATEUR – Voilà. Vous, votre femme c'est Guenièvre, n'est-ce pas ? Notre Reine bien-aimée !

ARTHUR – Oui et alors ?

LE RÉPURGATEUR – Et alors, voilà. Jusqu'à maintenant, c'était des histoires, des histoires avec on sait pas qui… Des petites mignonnes qui sont pas toujours dans votre lit pour des bonnes raisons, attirées bien souvent par votre pouvoir extraordinaire, Sire… Et bien, aujourd'hui, fini la décadence, fini les saletés avec des paysannes répugnantes et des petites futées qui essayent de se faire une place au château et qui se battent pour savoir *(imitant des commères)* « qui c'est qui va être dans le lit d'Arthur, qui c'est qui va être dans le lit d'Arthur… » À partir de maintenant, c'est Guenièvre et c'est tout. Point final. *(reprenant son dossier)* Vous signez, Sire ?

ARTHUR – Vous voulez dire… Guenièvre et… ?

LE RÉPURGATEUR – Et c'est tout. Vous signez ?

ARTHUR jette un œil à PÈRE BLAISE en souriant.

ARTHUR *(au Répurgateur)* – Je vais réfléchir un peu encore.

LE RÉPURGATEUR – Mais, Sire…

ARTHUR – Non, non mais c'est intéressant.

LANCELOT – Moi, j'avais jamais entendu parler de ça mais… Oui pourquoi pas…

PÈRE BLAISE – C'est moderne.

ARTHUR – Oui voilà, donc c'est intéressant, mais il faut être sûr que ce soit pas trop moderne.

LE RÉPURGATEUR, dépité, referme son dossier.

4. INT. CHAMBRE D'ARTHUR – NUIT

> *ARTHUR et GUENIÈVRE sont au lit, ils discutent.*
> *ARTHUR lit un parchemin.*

GUENIÈVRE *(parlant du Répurgateur)* – Moi, je dis que vous devriez vous débarrasser de ce type avant qu'il ne répande ses idées ridicules dans tout le pays.

ARTHUR – De toute façon, à force de gonfler tout le monde, un jour, on va le retrouver pendu à un arbre, il demandera pas d'où ça vient.

GUENIÈVRE – Une seule femme… Quelle idée…

ARTHUR – Qu'est-ce qu'il faut pas entendre comme conneries!

GUENIÈVRE *(ironique, pour se faire complimenter)* – Et puis… vous vous ennuieriez avec une seule femme… Non?

ARTHUR *(dans sa lecture)* – Ah putain, ouais!

> *GUENIÈVRE accuse le coup.*

GUENIÈVRE – Par contre, il y a une chose à laquelle on pourrait réfléchir, c'est autoriser la polygamie pour les femmes.

ARTHUR *(inquiet)* – Non.

GUENIÈVRE – Pourquoi non?

ARTHUR – Parce que! Non mais après… vous vous rendez compte?

FERMETURE

5. INT. SALLE DE LA TABLE RONDE – JOUR

ARTHUR et LE RÉPURGATEUR sont attablés. Celui-ci lui tend une plume.

LE RÉPURGATEUR – Non mais ce qu'on fait, Sire, vous signez la loi…

ARTHUR – Non, je vous ai dit, je la signe pas !

LE RÉPURGATEUR – Attendez ! Vous signez, vous continuez de voir toutes les jeunes femmes que vous voulez, comme avant…

ARTHUR *(intrigué)* – Ouais, allez-y, ouais…

LE RÉPURGATEUR – Sauf qu'une fois de temps en temps, vous venez me voir pour faire ce qu'on appelle « une confession ».

ARTHUR – Une confession ?

LE RÉPURGATEUR – Je vous expliquerai…

NOIR

LE RÉPURGATEUR *(over)* – Ça prend cinq minutes et puis après on est tranquille, on peut faire ce qu'on veut…

15
Les Défis De Merlin

F. RAULT – A. ASTIER

3 CORS

1. INT. LABORATOIRE DE MERLIN – JOUR

LANCELOT, visiblement inquiet, vient chercher MERLIN dans son laboratoire.

LANCELOT – Dépêchez-vous, bon sang !

MERLIN – Mais qui c'est, ce type ?

LANCELOT – Un gars avec une barbe et un bâton. Je suis sûr que c'est un Enchanteur.

MERLIN – Qu'est-ce que vous voulez que j'y fasse ?

LANCELOT – Il faut que vous soyez là pour protéger le Roi Arthur au cas où ça dérape !

MERLIN – Vous rigolez ? Si c'est un Enchanteur, j'y fous pas les pieds, moi…

OUVERTURE

2. INT. SALLE DU TRÔNE – JOUR

Face à ARTHUR, MERLIN et LANCELOT, ÉLIAS dresse fièrement son bâton de magicien et parle haut, le ton assuré.

ÉLIAS – Je viens mander la jouissance de la Butte-aux-Cerfs pour mon usage personnel!

ARTHUR *(à Lancelot)* – Qui c'est, ce péquenaud?

LANCELOT – Un Enchanteur, Sire.

MERLIN – Élias de Kelliwic'h, dit « le fourbe », pour ainsi dire un confrère.

ARTHUR *(à Élias)* – Et en quel honneur je vous donnerais ma Butte-aux-Cerfs, je vous prie?

ÉLIAS – Si tu refuses, je ferai tomber une pluie de calamités sur ton Royaume!

ARTHUR *(à Lancelot)* – Bon, déjà, il me tutoie : ça part mal. Allez, virez-moi ce con.

LANCELOT – Et la pluie de calamités?

MERLIN – Attention, je connais un peu le loustic, il en est capable.

ARTHUR *(à Merlin)* – Eh ben faites quelque chose! C'est votre rayon, les calamités!

MERLIN – Attendez, Élias, c'est pas n'importe qui! Quand il s'y met, c'est pas de la rigolade, j'aime autant vous le dire!

LANCELOT – Vous êtes pas à la hauteur?

MERLIN – Je vous avouerai que jusqu'à maintenant, je me suis toujours débrouillé pour pas tomber face à lui.

ARTHUR – C'est vrai ce qu'on dit, que vous êtes le fils d'un Démon et d'une pucelle?

MERLIN – Oui pourquoi?

ARTHUR – Vous avez plus pris de la pucelle.

3. INT. SALLE DU TRÔNE – ENSUITE

MERLIN s'est levé ; il propose à ÉLIAS un défi.

MERLIN *(debout)* – Élias de Kelliwic'h, Grand Enchanteur du Nord, Meneur des Loups de Calédonie, Pourfendeur du Dragon des Neiges, Concepteur de la Potion de Toute-Puissance, Prophète des…

ARTHUR *(coupant court)* – Ça va ! Vous allez pas nous sortir tout le curriculum ?

MERLIN – Entre enchanteurs, c'est comme ça qu'on fait.

ÉLIAS *(fort)* – Merlin, Enchanteur de Bretagne, Grand Vainqueur de la Belette de Winchester, Concepteur de la Potion de Guérison des Ongles Incarnés, Auteur du Parchemin *Le Druidisme expliqué aux Personnes Âgées*…

MERLIN – Bon, c'est bon, c'est bon ! *(à Arthur)* Vous avez raison, ça va prendre des plombes. *(à Élias)* Élias ! Je vais te soumettre une énigme ! Si tu échoues, tu retourneras d'où tu viens sans demander ton reste.

ÉLIAS – J'accepte ton défi, Merlin ! Énonce ton énigme !

MERLIN *(solennel)* – « Qu'est-ce qui est petit et marron ? »

ÉLIAS – Un marron.

MERLIN *(encaissant le coup, à Arthur et Lancelot)* – Putain, il est fort, ce con.

LANCELOT – Quoi, c'est tout ?

ARTHUR – C'est ça, votre énigme ?

MERLIN – Attendez… *(à Élias)* Une autre ! Une autre !

ARTHUR – Et tâchez de pas foirer ! Je ne donne pas ma Butte-aux-Cerfs.

MERLIN – Ah, mais la Butte-aux-Cerfs, là, c'est râpé… Il a gagné, j'ai donné ma parole !

ARTHUR *(en colère)* – Non mais c'est pas possible de voir ça !

LANCELOT – Pourquoi vous relancez une autre énigme, alors?

MERLIN – Bah, je vais pas rester sur un échec! J'ai une réputation à soutenir, moi!

ARTHUR – Récupérez ma Butte-Aux-Cerfs, espèce de crétin! Ou je vous en fais une aux pommes, de réputation, moi!

MERLIN *(à Élias)* – Élias! Serais-tu prêt – sans vouloir te commander – à remettre la Butte-aux-Cerfs en jeu? Si tu échoues, tu la rends. Si tu réussis… tu… ben, tu la gardes, déjà. Et puis on rajoute une bricole…

ÉLIAS *(menaçant)* – Si j'échoue, je garde la Butte-aux-Cerfs et je fais tomber une pluie de calamités, par vengeance – c'est pas pour rien qu'on m'appelle « le fourbe ». Si je réussis, je garde la Butte-aux-Cerfs, plus le Tertre-des-Âmes.

MERLIN *(à Arthur)* – Ah, ça c'est sûr, tant qu'il met les calamités dans la négo, on a toujours un cran de retard…

4. INT. LABORATOIRE DE MERLIN – JOUR

MERLIN, dans son laboratoire, a préparé une potion dans sa grande marmite. ÉLIAS, serein, se prépare au défi. ARTHUR et LANCELOT, inquiets, sont restés en retrait.

MERLIN *(une louche à la main)* – Élias! Goûte cette potion! Si tu en énonces tous les ingrédients sans en omettre un seul, tu auras ce que tu désires. Sinon… sinon, ben, on reparle de tout ça à tête reposée : les calamités, tout le tremblement…

ÉLIAS goûte la potion.

ÉLIAS – Genièvre, racines de noyer, fraises sauvages, griffes de renard, ailes de libellule… *(hésitant)* Sauge, sel et laurier.

MERLIN *(plein d'espoir)* – Et… ?

ÉLIAS – Et c'est tout.

MERLIN *(vainqueur)* – Ha haaa ! Perdu ! Cette fois-ci, ta légendaire précision ne t'aura pas suffi, Élias ! Tu as omis de mentionner le persil.

ÉLIAS – Quel persil ?

MERLIN – Le persil que… *(apercevant son persil sur le bord de la table)* Ah non, merde, il est là. J'ai oublié de le mettre. Non, bah, c'est bon.

ARTHUR *(anxieux)* – Quoi qu'est bon ?

LANCELOT *(calme)* – Alors : il gagne la Butte-aux-Cerfs, le Tertre-des-Âmes, la moitié des Marais-Maudits et deux cent cinquante mille pièces d'or.

ARTHUR – OK, on va arrêter le tir avec les défis…

FERMETURE

5. INT. SALLE DU TRÔNE – JOUR

ARTHUR, MERLIN et LANCELOT, penauds, se lamentent sur leur sort.

LANCELOT – Quand je pense qu'on a perdu la Butte-aux-Cerfs…

MERLIN – Ça, il est fort.

ARTHUR *(à Merlin)* – Pour faire votre potion, vous les mettez dans quoi, vos ingrédients ?

MERLIN – Ben dans l'eau !

ARTHUR – Ouais, il l'a pas mentionnée, l'eau.

Lancelot – Mais c'est vrai en plus!

Merlin *(épaté)* – Ah c'est génial comme coup fourré pour une énigme, ça! Ça me serait pas venu à l'idée de penser à l'eau… De toute façon, les énigmes, ça a jamais été mon truc.

NOIR

Arthur *(over)* – Un de ces jours, faudra vraiment que vous disiez ce que c'est, votre truc…

16
Le Banquet Des Chefs

A. ASTIER

3 CORS

1. INT. CHAMBRE DE LÉODAGAN – SOIR

LÉODAGAN et SÉLI sont au lit.

SÉLI – Qu'est-ce que c'est encore que cette histoire de banquet? Il faut arrêter de faire des banquets à cinquante personnes tous les mois!

LÉODAGAN *(minimisant)* – Ah mais là, c'est pas pareil... Là, c'est le banquet des Chefs de Clan.

SÉLI – Et alors?

LÉODAGAN – Ils sont pas cinquante, ils sont deux mille.

OUVERTURE

2. INT. SALLE DE LA TABLE RONDE – JOUR

ARTHUR, BOHORT et LÉODAGAN s'entretiennent avec VENEC, l'organisateur de banquets. À côté de VENEC, une jeune femme est assise.

BOHORT – Moi, j'avais pensé à agrémenter chaque table d'un grand bol de fruits de saison. Des noix, des raisins...

ARTHUR – Oui, oui, Bohort. C'est une très bonne idée, mais il faut pas perdre de vue que nous recevons les Chefs de Clan.

BOHORT – Qui nous dit que les Chefs de Clan n'aiment pas les fruits de saison ?

LÉODAGAN – C'est pas le problème d'aimer, Bohort, faites un effort !

ARTHUR – Venec, qu'est-ce que vous aviez prévu ? Autre chose que des fruits, non ?

VENEC – Ah, affirmatif ! De la viande, de la viande et de la viande. Cuite dans sa graisse.

LÉODAGAN – Bon, voilà.

BOHORT *(vexé)* – Forcément.

ARTHUR *(rassurant Bohort)* – Et pourquoi pas, pour ceux qui veulent, une ou deux corbeilles de fruits…

VENEC – Ah mais moi, si vous voulez du fruit, je vous mets du fruit ! C'est pas pour ce que ça coûte. Un genre de décoration, c'est ça ?

3. INT. SALLE DE LA TABLE RONDE – ENSUITE

La réunion se poursuit.

VENEC – Vous bilez pas pour la tortore, il y aura ce qui faut.

LÉODAGAN – De toute façon, ils viennent pas que pour bouffer, non plus ! C'est un sommet politique.

BOHORT – Ce qui n'empêche pas de bien recevoir !

VENEC – Non mais vous faites pas de cheveux là-dessus, j'ai compté trois porcs par personne.

BOHORT – Trois porcs !

VENEC – Attendez, je les connais, les Chefs de Clan ! Ceux qui débaroulent du bout de la Calédonie, vous avez pas vu les bestiaux ! Je vous garantis qu'ils viennent pas pour manger des fruits de saison !

LÉODAGAN – C'est pas faux, Bohort. Trois porcs, c'est pas mal. Ça fait que ceux qui en mangent que deux peuvent en donner un à ceux qui en mangent quatre.

VENEC – Laissez faire, je connais les loustics. Par contre, là où je suis un peu ennuyé, c'est que j'ai plus bien de budget pour les gonzesses.

LÉODAGAN – Ah c'est vrai qu'il y a ça, encore.

VENEC – Donc moi, de mon côté, j'ai fait une sélection. *(à la jeune femme)* Tiens, lève-toi, biquette. Tortille un peu du fion pour le Roi Arthur.

ARTHUR – Non, non ! S'il vous plaît, mademoiselle, c'est pas la peine.

VENEC – Attendez, faut que vous me disiez si ça colle, que je commande le reste ! C'est un pote pirate qui me les ramène des îles d'Irlande. Par contre, c'est des cagaudes, hein ! Faut pas leur demander de compter jusqu'à dix !

ARTHUR – Non, mais j'y tiens pas, je vous assure…

BOHORT – Je trouve ça d'une vulgarité sans précédent.

LÉODAGAN – Sire, j'avoue que je suis pas bien friand non plus, mais face aux Chefs de Clan, s'il y a pas des gonzesses…

ARTHUR – Eh ben… ?

VENEC – Vous allez passer pour des…

ARTHUR – Pour des quoi ?

LÉODAGAN – Pour des qu'on peut pas se permettre de passer pour.

4. INT. SALLE DE LA TABLE RONDE – ENSUITE

BOHORT est de plus en plus outré.

BOHORT – C'est pas parce qu'on invite des porcs qu'on est obligé d'en être un soi-même!

LÉODAGAN – Bohort, arrêtez de vous vexer sans arrêt comme une grosse dinde! On vous dit que c'est politique!

ARTHUR – Non, mais je suis assez d'accord. Chez nous, les femmes sont pas traitées comme ça. C'est à eux de s'adapter.

LÉODAGAN – Eh bah, bonne chance! Quand je pense qu'on les invite pour les fédérer…

VENEC – S'ils arrivent et qu'il y a pas de femmes, vous allez fédérer mes couilles!

ARTHUR – Je prends le risque. J'aime pas l'image que ça donne de nous.

VENEC – Quoi, qu'est-ce qu'elle a, l'image? *(à la jeune femme)* Vas-y, biquette, active-toi les jambons, un peu. Allez! *(il claque dans les mains et pousse un petit cri de cabaret)* Parce que là, elle est toute seule mais il faut s'imaginer que j'en fasse venir cinq douzaines! Je vous garantis qu'avec soixante paires de miches qui gigotent en même temps, vous fédérez ce que vous voulez derrière!

ARTHUR – J'ai pris ma décision : non, c'est non. Point final.

BOHORT – Bravo, Sire!

LÉODAGAN – Eh ben, c'est pas gagné.

VENEC *(à la jeune femme)* – Bon bah, c'est bon, arrête. *(aux autres)* Qu'est ce qu'elles sont vulgaires, ces Irlandaises!

FERMETURE

5. INT. SALLE DE LA TABLE RONDE – PLUS TARD

Bohort discute des derniers choix de décoration avec Venec.

BOHORT *(avec des rubans dans les mains)* – Moi, je pensais à un bouquet de sept tulipes par table, représentant les sept contrées, et attachées avec un ruban de la couleur des armoiries du Clan.

VENEC – Ouais, c'est pas mal. Moi, je pensais plutôt à ça.

Il sort de sous la table deux fléaux d'armes entrelacés.

VENEC – Voyez, c'est harmonieux. Et puis c'est de la bonne ferraille, des pointes, c'est bien rouillé, ça fait barbare…

NOIR

VENEC *(OVER)* – Avec ces gros tarés de Chefs de Clan, ça fera ton sur ton.

17
Le Signe

F. Rault – A. Astier

3 CORS

1. INT. CHAMBRE D'ARTHUR – AUBE

Arthur et Guenièvre dorment à poings fermés. Grüdü s'approche d'Arthur, le réveille et lui tend quelque chose enveloppé dans un mouchoir.

Grüdü – Sire… Sire !

Arthur *(réveillé en sursaut)* – Hein ? Qu'est-ce qui arrive ?

Grüdü *(lui tendant le paquet)* – Tenez. J'ai trouvé ça devant votre porte.

Arthur *(ouvrant machinalement)* – Qu'est-ce que c'est ?

Grüdü – C'est un corbeau décédé.

Arthur lâche le corbeau avec un petit frisson de dégoût.

OUVERTURE

2. INT. LABORATOIRE DE MERLIN – JOUR

Arthur est venu apporter le corbeau mort à Merlin pour tenter d'en savoir plus.

Arthur – Alors? C'est quoi?

Merlin – Ben… un corbeau mort.

Arthur – Non mais ça, merci, je suis pas encore complètement débile! Mais qu'est-ce que ça fout devant la porte de ma chambre?

Merlin – Ouais… C'est peut-être un présage.

Merlin choisit sur une étagère un grimoire qu'il compulse en diagonale.

Merlin *(soufflant)* – Pfou, c'est chiant les présages…

Arthur – En l'occurrence, surtout pour moi! Alors?

Merlin – Ah, une seconde! Je connais pas tous les bouquins par cœur!

Arthur – M'enfin, vous avez bien une petite idée!

Merlin *(désignant une page du livre, sans conviction)* – À la limite, il y a ça… Mais ça colle pas tout à fait.

Arthur – Qu'est-ce que ça dit? C'est mauvais?

Merlin *(lisant)* – « Les poissons mourront de chaleur et d'eux naîtront des serpents qui sailliront les femmes qui donneront naissance à des cochons. »

Arthur – C'est plutôt mauvais, quand même…

Merlin – Oui, mais là, c'est au cas où on tombe sur « un bouc boiteux devant une chapelle ». Il boitait, votre corbeau?

3. INT. LABORATOIRE DE MERLIN – PLUS TARD

Merlin est en pleine séance de divination. Il est concentré, yeux fermés, sur le corbeau posé à proximité d'un encensoir fumant. Séli entre.

Séli *(à Arthur)* – Eh ben, mon gendre, le repas est servi depuis une demi-heure !

Arthur – Chut ! La ferme, bon sang !

Séli *(désignant Merlin)* – Qu'est-ce qu'il fait, celui-là ? Il fume un merle ?

Arthur – … divination.

Séli – Ah… Et c'est long, ça, la divination ? Parce que c'est juste chaud…

Merlin sort de sa concentration.

Merlin – Bon. Alors visiblement, le froid va s'abattre sur Kaamelott.

Séli – Ça, c'est pas neuf.

Arthur – Ah, la barbe ! *(à Merlin)* Et après ?

Merlin – Alors, sauf erreur de ma part…

Séli *(ironique)* – Ce serait étonnant !

Merlin – Le message est clair : « Les fourrures couvriront les Chefs et les frères des Chefs. Un vent glacial fera couler le nez du voyageur et les Anciens devront mettre les pieds dans l'eau chaude. »

Séli – Bon, qu'est-ce que je fais, moi ? Je mets tout à réchauffer ?

Arthur *(à Séli)* – Zut ! Là ! *(à Merlin)* Ensuite ?

Merlin – Ensuite, plus rien.

ARTHUR – Quoi « plus rien » ? Vous voulez dire… la fin du monde ?

MERLIN – Non, plus rien. Plus de vision.

ARTHUR – Mais vous rigolez ou quoi ? Qu'est-ce que vous voulez que je foute d'un présage pareil ?

MERLIN – Ah eh ! C'est de la divination, hein ! C'est toujours flou, il faut interpréter !

ARTHUR – Et vous l'interpréteriez comment, vous, les fourrures qui couvriront les Chefs et les frères des Chefs et je sais plus quelle connerie ?

MERLIN – Faut pas prendre ça au pied de la lettre, c'est sûr !

SÉLI – À la limite, Merlin, si vous n'avez rien de prévu pour le repas de midi, vous venez casser une graine avec nous. Comme ça, vous continuez de papoter…

ARTHUR – Foutez-moi le camp !

4. INT. LABORATOIRE DE MERLIN – ENSUITE

SÉLI s'impatiente de plus en plus. Elle tente de couper court aux tergiversations.

SÉLI – C'est l'hiver, votre présage, c'est tout ! C'est pas la peine d'en discuter pendant trois mois !

MERLIN – « L'hiver » ? Quoi « l'hiver » ?

SÉLI – L'hiver, c'est tout. Pas la peine de la boucaner, votre bestiole ! Les fourrures, la morve au nez, c'est bon ! Ça annonce que l'hiver va être froid et je vous annonce que le repas aussi.

ARTHUR – « L'hiver »… Vous me faites marrer, vous ! Pourquoi il vient canner devant ma porte à moi, ce con de corbeau ? L'hiver, c'est pas spécialement moi que ça concerne, si ?

MERLIN – C'est vous qui êtes de sang divin. Quand les Dieux veulent dire un truc, c'est plutôt vers vous qu'ils se tournent. Moi, jusque-là, il y a rien qui me choque.

ARTHUR – Mais enfin, les Dieux, ils me parlent de Quête, de mission sacrée, ils m'envoient la Dame du Lac! Ils viennent pas me raconter le temps qui fait ou ce qu'ils ont mangé le midi!

MERLIN – Je suis désolé, je sais que ça fait maigre mais je suis plutôt de l'avis de votre belle-mère, c'est un présage qui annonce un hiver rude.

SÉLI – Ou alors, une vague de peste.

MERLIN – Quoi?

ARTHUR – Qu'est-ce que vous me chantez?

SÉLI – Je sais pas, j'ai toujours entendu dire que les corbeaux morts, c'était une histoire de peste ou de choléra, je sais plus…

Les hommes se regardent. Inquiet, MERLIN se replonge dans son grimoire.

FERMETURE

5. INT. SALLE À MANGER – JOUR

ARTHUR, GUENIÈVRE, LÉODAGAN et SÉLI déjeunent.

GUENIÈVRE – Ah tiens, il paraît qu'il y a deux ou trois cas de choléra en Irlande.

ARTHUR – Quoi? Vous déconnez?

SÉLI – Qu'est-ce que je disais?

LÉODAGAN – C'est l'hygiène, ça. Les Irlandais, ils sont cradingues comme pas permis.

ARTHUR – Merde, mais c'est ça, le présage…

SÉLI – Peut-être pas ! Je vois pas le rapport avec la fourrure !

NOIR

ARTHUR *(OVER)* – On coule du nez quand on a le choléra ?

18
En Forme De Graal

A. ASTIER

1. INT. TAVERNE – SOIR

*PERCEVAL et KARADOC attendent leur commande
assis à une table. LE TAVERNIER arrive.*

LE TAVERNIER *(servant une assiette à Karadoc)* – Et voilà,
une assiette de barbaque pour messire Karadoc…
(servant une coupe de vin à Perceval)… et un coup
de cache-nez pour messire Perceval.

*En partant, il plaisante à propos de la coupe
de vin.*

LE TAVERNIER – Alors, il est pas beau, mon Graal ?

*PERCEVAL et KARADOC rient. Puis, pris d'un doute,
ils se regardent, regardent la coupe et, après
avoir vidé le vin dans une cruche et vérifié que
personne ne les regarde, dissimulent la coupe
sous leurs vêtements.*

OUVERTURE

2. INT. SALLE DE LA TABLE RONDE – JOUR

Tous les Chevaliers sont présents. ARTHUR demande au PÈRE BLAISE d'engager les discussions.

ARTHUR – Bon. Qu'est-ce qu'on a à l'ordre du jour, aujourd'hui ?

PÈRE BLAISE – Avant tout, messire Bohort désirerait soumettre un problème à l'assemblée.

ARTHUR *(à Bohort)* – Allez-y, Bohort.

BOHORT – Plus qu'un véritable problème, ce serait plutôt une remarque.

LÉODAGAN – Je sens que ça va encore être capital…

ARTHUR – Non, beau-père, s'il vous plaît… *(à Bohort)* On vous écoute.

BOHORT – C'est à propos du Graal.

ARTHUR *(agréablement surpris)* – Du Graal ! Ah, très bien ! Pour une fois que c'est pas moi qui mets ça sur le tapis…

BOHORT – Nous sommes d'accord pour dire que depuis le début de cette Quête, nous sommes à la recherche d'un vase ou d'une coupe. N'est-ce pas ?

Quelques Chevaliers acquiescent.

BOHORT – Bon. Et bien d'après mes derniers renseignements, il serait tout à fait possible que le Graal ne soit ni un vase, ni une coupe mais… un récipient !

ARTHUR ravale sa déception.

ARTHUR – Ça fait plaisir de voir que ça avance.

BOHORT développe son propos.

BOHORT – J'ai l'impression que vous ne saisissez pas bien la nuance…

LÉODAGAN *(à Arthur)* – Bon, on enchaîne! Je vous rappelle qu'il faut qu'on aborde le problème des tourelles de la plage, hein!

BOHORT – Non mais je vous assure! Vous auriez vu le vieil homme mystérieux qui m'a donné ces indications! Il a fait ce geste…

Il représente avec ses mains un cercle d'une trentaine de centimètres de diamètre.

BOHORT – … et il a dit : « Méfie-toi, le Graal est un récipient. »

KARADOC – Du coup, ce serait un genre de saladier…

LÉODAGAN *(à lui-même)* – Ah non, mais c'est pas vrai!

ARTHUR – Écoutez, Bohort, sans vouloir être blessant, est-ce que vous êtes sûr que ça change quelque chose?

BOHORT – Il me semble que pour bien chercher, il faut savoir ce qu'on cherche.

ARTHUR *(amer)* – Vous savez, le Graal, que ce soit un vase, un saladier ou un service à dessert, on n'a aucune piste.

BOHORT – Justement, je pense que ça pourrait être un début de piste.

LÉODAGAN – Un début de piste? Alors maintenant, dès qu'un clodo vient nous taper deux ronds pour picoler, on tient une piste?

PERCEVAL – À ce moment-là, moi aussi j'en ai, des pistes! Il y a un an, au pays de Galles, il y a un type tout bizarre qui vient me voir – je me souviens, il avait ça de poils dans les oreilles, il sentait la boucane, j'ai failli gerber – il me dit : « Oui, tatati, tatata, le Graal, en fait c'est une pierre incandescente. »

Arthur – Quoi ? Mais vous nous avez jamais parlé de ça !

Perceval – Ben non…

Arthur – Mais pourquoi ?

Perceval – Ben déjà parce qu'à l'époque, je savais pas ce que ça voulait dire « incandescente »…

Karadoc – Et maintenant, vous savez ?

Perceval – Ah bah, je l'ai su à une époque mais maintenant…

Arthur *(en colère)* – Mais peu importe, enfin ! Ça fait des années qu'on cherchait un vase, nous ! Un vase ou une pierre incandescente, c'est quand même pas pareil !

Lancelot – Le problème, c'est qu'il y en a pas un qui dit la même chose.

Perceval – Eh ouais, c'est pour ça ! Moi, j'ai arrêté, le Graal.

Arthur – Comment « j'ai arrêté le Graal » ?

Perceval – Au bout d'un moment, c'est un truc à se casser les dents, ça ! Non, moi je m'occupe de mon cas… c'est déjà pas mal.

Arthur – Mmh. Je vais m'occuper de votre cas, moi aussi.

4. INT. SALLE DE LA TABLE RONDE – ENSUITE

Arthur est en colère contre Perceval.

ARTHUR – Si le Graal, c'est une pierre, vous admettrez que ça change tout!

PERCEVAL – « Le Graal », déjà… Pourquoi forcément un mot compliqué qui veut rien dire? Ils l'auraient appelé « la Coupe » ou « le Vase », on serait fixé!

LÉODAGAN – Vous voulez dire qu'on l'aurait trouvé?

PERCEVAL – Ah non, mais on serait fixé.

LANCELOT *(agacé d'avoir à le redire)* – Le Graal est un objet dont Joseph d'Arimathie s'est servi pour recueillir le sang de Jésus.

BOHORT – Donc, un récipient!

ARTHUR – Un récipient… Un vase ou une coupe, on peut bien recueillir du sang dedans!

LÉODAGAN – La question c'est : « dans quoi d'autre peut-on recueillir du sang de Jésus? »

BOHORT – Dans un récipient.

PERCEVAL – C'est pas compliqué : comment ils font les mecs avec les porcs pour le boudin?

BOHORT – Avec un récipient!

LÉODAGAN – Un vase ou une coupe, pour recueillir le sang de Jésus, d'accord. Je visualise. *(désignant Perceval)* Mais avec une pierre incandescente, là, pardon, il faut qu'on m'explique!

Cette dernière remarque plonge les Chevaliers dans un calcul silencieux.

PERCEVAL *(après réflexion)* – À moins qu'« incandescente », ça veuille dire « qui peut contenir du liquide… »

FERMETURE

5. INT. TAVERNE – SOIR

PERCEVAL et KARADOC, tout en buvant une coupe de vin, discutent du Graal.

KARADOC – Franchement, vous êtes Joseph d'Arimathie, vous vous pointez devant Jésus qui pisse le sang, dans quoi vous le récupérez, le sang?

PERCEVAL – Dans un bocal à anchois…

KARADOC – Ah bon?

PERCEVAL – Déjà pour la contenance – je peux pomper un demi-gallon de sang, je suis tranquille – et surtout qu'après, je peux refermer le bocal, j'en fous pas partout dans le sac.

NOIR

PERCEVAL *(OVER)* – Si Joseph d'Arimathie a pas été trop con, vous pouvez être sûr que le Graal, c'est un bocal à anchois.

19
Le Repos Du Guerrier

A. ASTIER

3 CORS

1. INT. CHAMBRE DE DEMETRA – SOIR

*ARTHUR et DEMETRA sont au lit. ARTHUR commence
à somnoler.*

DEMETRA – Ça fait trois jours de suite que vous dormez
avec moi.

ARTHUR – Vous en avez marre?

DEMETRA – Non, au contraire, mais c'est la Reine…

ARTHUR – Elle préfère, elle. Soi-disant que quand je
reviens d'avec vous, je suis plus aimable et plus
détendu.

DEMETRA reste pensive une seconde.

DEMETRA – Remarquez, ça se tient… Quand vous revenez d'avec elle, vous êtes chiant et agressif.

OUVERTURE

2. INT. SALLE DE LA TABLE RONDE – JOUR

ARTHUR et LÉODAGAN reçoivent PERCEVAL et BOHORT.

BOHORT (*embarrassé*) – … et là, quand je me suis retourné – excusez-moi, Seigneur Perceval – je ne vous ai pas vu à votre poste.

LÉODAGAN – Mais n'ayez pas honte de le dire ! Vous l'avez pas vu parce qu'il y était plus !

BOHORT – Je ne voudrais pas que mon témoignage serve à réprimander le Seigneur Perceval qui, par ailleurs, a toujours été un camarade dévoué et…

LÉODAGAN (*le coupant, s'adressant à Perceval*) – Alors ? Où est-ce que vous étiez encore fourré ?

PERCEVAL – J'étais pas bien loin…

LÉODAGAN – « Pas bien loin… » Pendant une charge ennemie, on tient son poste, nom de Dieu ! C'est pas le moment d'aller aux truffes !

PERCEVAL – Je suis pas allé aux truffes !

LÉODAGAN – Alors où ?

PERCEVAL – Ben… je sais plus…

BOHORT – Ce qui compte, c'est que je m'en sois sorti quand même…

LÉODAGAN (*à Perceval*) – Le Roi va vous coller une de ces sentences, mon petit vieux… J'espère qu'elle va être exemplaire !

ARTHUR – Non. C'est bon, il a compris. Il le fera plus.

Les hommes sont surpris.

LÉODAGAN – Quoi, c'est tout ?

ARTHUR – Ça va ! Il a bougé, il aurait pas dû, la prochaine fois, il bougera plus. (*bienveillant, à Perceval*) Allez, foutez-moi le camp !

PERCEVAL et BOHORT filent.

LÉODAGAN *(à Arthur)* – Eh ben, de temps en temps, vous êtes souple !

ARTHUR – Vous, vous l'êtes jamais ; ça fait une moyenne.

3. INT. CHAMBRE D'ARTHUR – SOIR

ARTHUR et GUENIÈVRE sont au lit. GUENIÈVRE fredonne un air tout en brodant.

GUENIÈVRE *(chantant)* –   *« Belle qui tient ma vie*
Captive dans tes
yeux... »

ARTHUR la rejoint, avec la seconde voix.

ARTHUR ET GUENIÈVRE *(chant et contre-chant)* –

« Qui m'a l'âme ravie
D'un sourire radieux.
Viens-t'en me secourir
Ou me faudra mourir. »

Ils rient, complices.

GUENIÈVRE *(heureuse)* – Vous êtes vraiment charmant, aujourd'hui.

ARTHUR – Oh, pas plus que d'habitude...

GUENIÈVRE – Vous voulez rire ! À chaque fois, c'est pareil : trois nuits chez Demetra, vous revenez métamorphosé !

ARTHUR – Vous croyez que c'est ça, vous ?

GUENIÈVRE – Je me demande bien ce qu'elle vous fait...

ARTHUR *(méfiant)* – Vous voulez vraiment qu'on parle de ça ?

GUENIÈVRE – Non, non. *(attendrie)* C'est votre petit jardin secret...

ARTHUR – Ouais, j'aime autant.

GUENIÈVRE – Je suis curieuse, c'est tout. Aujourd'hui, tout le monde vient me voir pour me dire que vous êtes bon et clément. Dans trois jours, les mêmes viendront me dire que vous êtes inflexible et cinglant…

ARTHUR – Qui c'est qui vient vous voir pour vous dire ça ?

GUENIÈVRE – Qu'est-ce que ça change ?

ARTHUR – Ça change que si quelqu'un trouve quelque chose à dire sur mon caractère, c'est certainement pas à vous qu'il doit s'adresser !

GUENIÈVRE – À qui, alors ?

ARTHUR – À personne ! Il la ferme et si ça lui plaît pas, il déménage.

GUENIÈVRE *(la gorge nouée)* – Vous voyez, ça fait pas une demi-heure que vous êtes à côté de moi, vous êtes déjà en train de crier…

ARTHUR – Ah, mais lâchez-moi avec ça ! Je crie pas plus avec vous qu'avec les autres ! Vous me dites qu'il y a des mecs qui viennent vous voir !

GUENIÈVRE – Mais je disais ça comme ça !

ARTHUR – Mais vous dites toujours ça comme ça ! Ça me scie les nerfs, moi ! « Vous êtes content, dans trois jours, vous serez pas content, vous irez voir machine, vous serez re-content… » Merde, à la fin !

4. INT. CHAMBRE DE DEMETRA – SOIR

ARTHUR et DEMETRA sont au lit. DEMETRA regarde ARTHUR qui lit, les nerfs visiblement vrillés.

DEMETRA – Ça va ?

ARTHUR *(fort)* – Ah vous, ne commencez pas à me faire chier, c'est pas le soir!

DEMETRA *(sincèrement)* – Excusez-moi.

Elle se retourne pour dormir. ARTHUR, dont la colère n'a pas trouvé de cible, reste quelques secondes démuni, regrettant ses paroles.

ARTHUR – Non, mais, c'est pas contre vous…

DEMETRA *(se retournant)* – C'est contre qui?

ARTHUR – Contre personne. Je… J'aurais pas dû crier, je suis désolé.

Il la prend dans ses bras et lui embrasse le front. Il respire profondément et retrouve son calme.

DEMETRA – Ça va mieux?

ARTHUR – Mais bien sûr que ça va mieux. Faut pas faire attention…

DEMETRA – Ben, je fais pas attention.

ARTHUR – Eh ben voilà. Ça va mieux. Regardez : *(chantant)* –   « Belle qui tient ma vie… »

De la tête, il invite DEMETRA à chanter avec lui.

ARTHUR *(chantant)* –   « Ca-… » *(pas de réponse)*
                          « -ptive dans… tes »
                          (parlant) Vous la connaissez
                          pas?

DEMETRA – Non.

ARTHUR – Ça fait rien.

Il l'embrasse sur le front.

FERMETURE

133

5. EXT. FORÊT – JOUR

ARTHUR et LÉODAGAN examinent une carte en pleine forêt.

ARTHUR – Qu'est-ce qui sent le cramé, comme ça, depuis tout à l'heure?

LÉODAGAN *(incertain)* – Peut-être la bouffe…

PERCEVAL arrive, timide.

PERCEVAL – Heu, Sire… Vous avez dormi avec qui, cette nuit?

ARTHUR – Qu'est-ce que ça peut vous foutre?

PERCEVAL – Parce que là, sans faire exprès, j'ai foutu le feu à la réserve de flèches.

NOIR

PERCEVAL *(OVER)* – C'est pour savoir si on en parle plutôt maintenant ou si on attend demain.

20
La Dent De Requin

A. ASTIER

3 CORS

1. INT. COULOIRS – JOUR

*PERCEVAL s'apprête à rentrer dans le laboratoire
de MERLIN. BOHORT arrive.*

BOHORT – Seigneur Perceval! Qu'est-ce que vous faites?
C'est le laboratoire de Merlin!

PERCEVAL – C'est lui qui m'a dit de venir chercher un
truc…

BOHORT – Vous avez pas peur d'entrer là-dedans?

PERCEVAL – Vous savez, je rentre, je sors.

BOHORT – Bon, comme vous voulez.

*BOHORT s'en va. PERCEVAL entrouvre la porte
alors que BOHORT le rappelle de loin.*

BOHORT *(OFF)* – Faites attention aux serpents en liberté,
quand même!

PERCEVAL referme la porte sans entrer.

OUVERTURE

2. EXT. COLLINE DE COMMANDEMENT – JOUR

Arthur et ses soldats sont au plus mal. La panique s'empare de la colline de commandement.

Lancelot – Sire, on ne peut plus attendre! Il faut lancer le sort ou battre en retraite!

Merlin – Je peux pas lancer le sort sans ma dent de requin!

Léodagan – Mais qu'est-ce qu'ils foutent, les deux cons, avec cette foutue dent? Ça fait quatre heures qu'ils sont partis!

Arthur – Ils vont sûrement arriver!

Kay *(scrutant le lointain)* – Personne à l'horizon, Sire!

Arthur *(à Merlin)* – Ils ont peut-être eu du mal à trouver la dent dans votre laboratoire… C'est tellement le merdier, aussi!

Merlin – Deuxième étagère droite, à côté du bouquin sur la classification des invertébrés!

Léodagan – Ils savent pas lire! Ils risquent pas de reconnaître un bouquin!

Merlin – De toute façon, de dent de requin, il y en a qu'une au labo. Ils fouillent deux minutes, ils trouvent!

Lancelot – Sire, je fais sonner la retraite? On peut pas se faire trucider dix hommes à la minute pour une dent de requin!

Arthur *(à Merlin)* – Vous êtes sûr qu'il est efficace, votre sort?

Merlin – Oui! Mais il me faut la dent.

Arthur – Bon, alors on attend encore un peu.

3. INT. TAVERNE – JOUR

PERCEVAL et KARADOC sont confortablement installés à une table.

PERCEVAL – Allez, un petit en vitesse et on y va parce qu'ils vont nous attendre.

LE TAVERNIER arrive à la table.

LE TAVERNIER – Qu'est-ce qu'on leur met, aux héros ?

KARADOC – Deux cidres.

LE TAVERNIER – Allez, deux jus de pomme qui piquent. *(remarquant la dent de requin sur la table)* Qu'est-ce que c'est, ce machin ?

PERCEVAL – Une dent de requin, il paraît.

LE TAVERNIER – Une dent de requin ? Qu'est-ce que vous fabriquez avec ça ?

KARADOC – C'est rapport à la magie.

PERCEVAL *(prenant la dent)* – Quand même, vous vous rendez compte de la taille des chicots ? *(matérialisant une mâchoire)* Ça doit lui faire un four comme ça, au machin !

LE TAVERNIER – Et pourquoi vous vous baladez avec ça ?

KARADOC – Faut qu'on la ramène à l'Enchanteur. Il paraît qu'il doit faire une incantation de je-sais-pas-quoi…

PERCEVAL – Il veut attirer le mauvais œil sur les ennemis d'en face.

LE TAVERNIER – Un genre de malédiction…

PERCEVAL – Ouais, voilà.

LE TAVERNIER – Donc, c'est une dent maudite, c'est ça ?

KARADOC – Non, c'est une dent… Enfin, j'en sais rien…

PERCEVAL et KARADOC se concertent du regard.
PERCEVAL lâche la dent sur la table.

PERCEVAL – Merde, si ça se trouve, on est en train de s'attirer le mauvais œil, là !

KARADOC – C'est pour ça qu'ils nous ont envoyés nous !

LE TAVERNIER – Pourquoi vous ?

PERCEVAL – Ils nous envoient jamais nulle part – soi-disant qu'on est des manches – et là, comme par hasard, il y a une saloperie maudite à ramener : c'est pour notre pomme !

KARADOC – Je trouve qu'on nous prend un peu trop souvent pour des cons, en ce moment !

PERCEVAL – Ouais ! Allez, patron ! *(désignant la dent)* Mettez-moi ça à cramer dans la cheminée, vous serez gentil ! Je veux plus la voir, cette vacherie !

LE TAVERNIER – Ah non, moi, je touche pas à ça.

PERCEVAL – Allez, allez !

LE TAVERNIER arrive à placer la dent dans une cuillère en bois.

PERCEVAL – Voilà.

LE TAVERNIER – Vous allez pas regretter ?

PERCEVAL – Ils se débrouillent, avec leur malédiction ! Je suis pas transporteur de dent, moi.

4. EXT. COLLINE DE COMMANDEMENT – JOUR

ARTHUR et ses hommes ont tenté une solution de dernier recours.

ARTHUR *(à Merlin)* – Alors, ça vient ?

MERLIN – Une seconde! Manipuler une dent de requin ou une dent de furet, c'est pas tout à fait la même chose!

LÉODAGAN – Une dent de furet?

MERLIN *(en colère)* – J'ai pris ce que j'ai trouvé, figurez-vous! Estimez-vous déjà heureux que je sois tombé sur un furet mort et que j'aie réussi à lui enlever les chicots sans gerber!

ARTHUR – Arrêtez de discutailler et balancez votre sort!

LANCELOT – On n'a presque plus d'hommes!

KAY – Sire! Les troupes ennemies se reforment!

ARTHUR *(à Merlin)* – Magnez-vous le train!

MERLIN – Flûûûûûûte!

LÉODAGAN – Allez, allez, allez, allez!

MERLIN – Ça y est!

Un toute petite boule de lumière magique part en direction des combats.

ARTHUR – Mais qu'est-ce que c'est que ce sort de merde?

MERLIN – C'EST-PAS-LA-BONNE-DENT!

KAY – Sire! L'ennemi est désorienté!

LÉODAGAN – Comment ça se fait?

LANCELOT – Ils se marrent! Ils sont en train de se payer nos têtes!

ARTHUR – Eh ben profitons-en, celle-là, c'est la dernière!

LANCELOT *(à Kay)* – Appel.

KAY sonne la corne.

FERMETURE

5. INT. CHAMBRE D'ARTHUR – SOIR

ARTHUR et GUENIÈVRE sont au lit. ARTHUR est perdu dans un parchemin.

GUENIÈVRE – Vous avez gagné votre bataille, aujourd'hui ?

ARTHUR – Oui.

GUENIÈVRE – Ça a pas été trop dur ?

ARTHUR – Nouvelle technique. On passe pour des cons, les autres se marrent et on frappe. C'est nouveau.

GUENIÈVRE – Ah… Et c'est répandu, comme technique ?

ARTHUR – Ah non, c'est que nous. Parce qu'il faut être capable de passer pour des cons en un temps record.

NOIR

ARTHUR *(OVER)* – Non, là-dessus, on a une avance considérable.

21
La Taxe Militaire

A. ASTIER

3 CORS

1. INT. SALLE DU TRÔNE – JOUR

*C'est le jour des doléances à Kaamelott. ARTHUR,
LANCELOT et LÉODAGAN attendent la prochaine
visite.*

LANCELOT *(un parchemin à la main)* – Je suis désolé,
c'est marqué. Le prochain, c'est le Seigneur Jacca.

LÉODAGAN *(sûr de lui)* – Ça peut pas être lui, il est mort.

ARTHUR – Il est peut être mort, en attendant, il attend
derrière la porte.

LANCELOT – Alors, on fait entrer?

LÉODAGAN – Qu'est ce que vous voulez faire entrer? je
vous dis qu'il est mort…

OUVERTURE

2. INT. SALLE DU TRÔNE – PLUS TARD

*ARTHUR, LANCELOT et LÉODAGAN s'adressent au
SEIGNEUR JACCA.*

ARTHUR *(ironique)* – Ça fait plaisir de vous voir à Kaamelott, Seigneur Jacca…

LÉODAGAN – C'est vrai qu'on vous voit pas tellement souvent…

JACCA – Quand il y a pas de problème, je ne vois pas de raison de venir vous déranger! Mais là, cette histoire d'impôt, ça m'a mis dans un état! Dès que j'ai su, j'ai fait atteler la carriole et « fouette cocher! »

LANCELOT – Qu'est-ce que vous appelez « cette histoire d'impôt »?

JACCA – Ben, comme quoi il faudrait que je paye la taxe de je sais pas quoi… Attendez, moi, s'il faut payer, je paye! Il y a pas de problème.

ARTHUR – Alors il y a pas de problème, vous payez.

JACCA – Oui mais là, je suis désolé, ça fait plus de deux cents ans qu'il y a que les paysans qui payent les taxes, je vois pas pourquoi ça change, comme ça, subitement! Ça me tombe dessus comme une merde sur une planche!

LANCELOT *(sévère)* – Comment?

JACCA *(à Arthur, exprimant l'état de choc)* – Excusez-moi, Sire, c'est sur le coup du…

ARTHUR – Pour cette nouvelle histoire de taxe, on en a discuté à la Table Ronde mais comme vous êtes pas venu depuis…

LANCELOT – … Six ans.

JACCA *(gêné)* – Non mais c'est vrai, j'ai été pas mal malade…

LÉODAGAN – Nous, on nous a même dit que vous étiez mort.

JACCA – Non mais ça va mieux.

3. INT. SALLE DU TRÔNE – ENSUITE

LANCELOT explique à JACCA la nature de sa nouvelle taxe.

LANCELOT – C'est tout simple. Au vu des dépenses engendrées par les dernières batailles et par les besoins de la défense du territoire breton en général, on a décidé d'imposer tous les Seigneurs de terres qui ne prennent pas part aux combats.

ARTHUR – Voilà, alors comme vous n'avez jamais pris part à un seul combat…

LÉODAGAN – Et que finalement vous êtes pas mort…

LANCELOT – Ça fera deux mille cinq cents pièces d'or.

JACCA – Deux mille cinq cents pièces d'or? C'est une blague! Où vous voulez que je trouve deux mille cinq cents pièces d'or, moi? Dans le cul d'une vache?

LANCELOT *(sévère)* – Comment?

JACCA *(à Arthur)* – Excusez-moi, Sire, c'est sur le coup du…

LANCELOT – Surveillez-vous.

JACCA – Tout ça parce que soi-disant, j'ai pas pris part aux combats!

LÉODAGAN – Vous avez pris part aux combats?

JACCA – Non, parce que j'ai été pas mal malade…

LANCELOT – Si vous vous êtes pas battu, vous payez, c'est tout.

JACCA – Je paye, je paye… Et le Seigneur Lothar, il paye pas lui! Je le sais, il me l'a dit!

LÉODAGAN – Non, il paye pas puisqu'il participe aux combats.

JACCA – Il participe? Vous vous foutez de moi? Il a au moins quatre-vingt-quinze ans! Il a la jambe raide et il est tellement bigleux qu'il trouve même pas sa bite pour pisser!

LANCELOT *(très sévère)* – Comment?

JACCA *(à Arthur)* – Excusez-moi, Sire, c'est sur le coup du…

LANCELOT – Tenez votre langue devant le Roi, espèce d'abruti!

JACCA – Au temps pour moi.

ARTHUR – La solution, ça serait de convertir votre dette en temps militaire.

JACCA – C'est-à-dire?

ARTHUR – Vous payez rien maintenant mais vous rentrez dans l'armée de Kaamelott pour un certain temps.

LÉODAGAN – Vous parlez d'un cadeau! Il a jamais tenu une épée de sa vie, qu'est-ce que vous voulez qu'on en fasse?

JACCA – Attendez mais moi, s'il faut servir la Bretagne, en courant, j'y vais!

ARTHUR – Ben oui, maintenant que vous êtes plus malade.

JACCA – Combien de temps il faudrait que je reste dans l'armée?

LANCELOT – Ah là… Au moins dix ou douze ans…

JACCA – Ah ouais… Combien de pièces d'or vous m'avez dit, déjà?

4. INT. SALLE DU TRÔNE – ENSUITE

JACCA s'est visiblement résigné à payer.

LANCELOT – Alors vous payez, maintenant?

Léodagan – Tout ça pour pas se battre ! Vous mériteriez dix ans de cachot !

Arthur – Mais je croyais que vous n'aviez pas deux mille cinq cents pièces d'or ?

Jacca – Non, je les ai pas mais je vais demander une participation à mes paysans.

Lancelot – De quoi ?

Jacca – Attendez, ça fait combien de dizaine d'années que je leur laisse cultiver mes terres, à ces connards ? En plus, ils sont pas polis, ils sont cons comme des tables, ils me font un pain dégueulasse, on se pète les dents dessus… Alors là, j'ai besoin d'un peu de pognon, j'aime autant vous dire qu'ils vont passer à la caisse, les pécores !

Lancelot – Mais c'est formellement interdit de retaxer les paysans. Nous, on les taxe une fois, c'est tout, vous n'avez rien à leur demander.

Jacca – Ah bon ? Mais moi, je les ai toujours taxés !

Arthur – En plus de nous ?

Jacca – Ben oui. Ils n'ont jamais rien dit. Enfin, il y en a un ou deux qui sont venus chialer de temps en temps, je les ai pendus à un arbre, ça les a fait sécher, ces trous-du-cul.

Lancelot *(en colère)* – Surveillez votre langage ou je vous fais enfermer !

Jacca *(à Arthur)* – Excusez-moi, Sire, c'est sur le coup du…

Léodagan – Bon alors on vous attend à l'entraînement, demain matin ?

FERMETURE

5. INT. SALLE DU TRÔNE – PLUS TARD

Jacca discute encore quelques points de détail avant de partir.

JACCA – Mais de toute façon, quand on est riche, à l'armée, on n'est pas placé sur les postes à risque, si ?

LÉODAGAN – Non, on va vous trouver un petit coin tranquille…

JACCA – Un truc du genre « responsable des pigeons voyageurs » ou autre…

LÉODAGAN – Non, on va vous mettre juste devant les soldats à pied. Vous êtes tout devant, vous avez une belle vue bien dégagée et le but du jeu, c'est d'attraper les flèches des archers d'en face avec la tête.

NOIR

JACCA *(OVER)* – Non, mais je vais bien réussir à les trouver, les deux mille cinq cents pièces d'or…

22
La Queue Du Scorpion

A. ASTIER

3 CORS

1. INT. CHAMBRE DE DEMETRA – SOIR

ARTHUR et DEMETRA sont couchés.

DEMETRA – Vous dormez avec le Reine, avec Azénor ou avec moi, demain soir ?

ARTHUR – Oh, c'est distingué, je vous assure…

DEMETRA – Quoi ?

ARTHUR – Vous avez une manière de présenter ça !

DEMETRA – Parce que courir les plumards, vous trouvez ça distingué, vous ?

ARTHUR *(après réflexion)* – Ça dépend comment on le présente.

OUVERTURE

2. INT. SALLE DE LA TABLE RONDE – JOUR

ARTHUR, BOHORT et LÉODAGAN sont en réunion. En retrait, GRÜDÜ surveille le Roi.

LÉODAGAN – Il faudra quand même bien qu'on arrive à discuter avec ces Bon Dieu de Romains !

BOHORT – Ça fait quatre fois que j'envoie un message au camp, pas de réponse.

LÉODAGAN – Voilà. Ils nous prennent pour des cons.

ARTHUR – En ce moment, ils sont en plein boum : ils viennent de se faire assassiner leur dernier Empereur.

LÉODAGAN – Encore !

ARTHUR – Eh ouais. Encore.

BOHORT – Ils sont dans une dynamique de coup d'État.

LÉODAGAN – Non mais là, c'est plus une dynamique, c'est un sport national !

BOHORT – Cette fois, l'assassin a glissé un scorpion dans le lit impérial. Les gardes ont eu beau se démener, le poison a été le plus fort.

LÉODAGAN *(écœuré)* – Ah et puis c'est vicelard, comme méthode…

ARTHUR – Ouais, mais c'est efficace ! Il peut y avoir cent cinquante gardes du corps, ils peuvent rien faire, la bestiole est dans le pageot : tac !

LÉODAGAN – N'empêche que moi, si je devais tuer le Roi…

ARTHUR et BOHORT attendent la suite de la phrase.

LÉODAGAN – Ouais, enfin, c'est une supposition…

3. INT. CHAMBRE DE DEMETRA – SOIR

ARTHUR est coincé entre DEMETRA et GRÜDÜ.

ARTHUR – Non, ça va pas être possible, là.

DEMETRA – Ah non, je confirme.

ARTHUR *(à Grüdü)* – Vous voyez bien que c'est pas possible…

GRÜDÜ – Ce que je vois, c'est que s'il y a un scorpion qui se pointe, je lui dérouille sa mère !

DEMETRA – Qu'est-ce qu'il raconte ?

ARTHUR – C'est compliqué… *(à Grüdü)* Écoutez, il faut être un peu raisonnable ! Le scorpion, à Rome, il était déjà dans le lit avant que l'Empereur se couche.

DEMETRA – C'est quoi, cette histoire de scorpion ?

ARTHUR – Attendez, une seconde… *(à Grüdü)* Vous comprenez le raisonnement ?

GRÜDÜ – Ce que je comprends, c'est que s'il arrive, je lui pète sa face.

DEMETRA – Il va péter sa face à qui ?

ARTHUR – Non, écoutez, je peux pas m'occuper de tout à la fois !

DEMETRA – Je vous signale que vous êtes tous les deux dans mon lit et que je me trouve sympathique de pas déjà vous avoir foutus dehors !

GRÜDÜ – Moi, je vous préviens, je bouge pas. En plus, ça va vite, les scorpions.

ARTHUR – Mais il y a pas de scorpion, nom d'un chien ! Ne soyez pas con !

DEMETRA – On n'a pas vérifié…

ARTHUR – Quoi ?

DEMETRA – C'est pas pour prendre sa défense, mais c'est vrai qu'on n'a pas vérifié s'il y avait un scorpion dans le lit.

ARTHUR *(à Grüdü)* – Bon, aussi débile que ça puisse être, est-ce que ça vous rassurerait qu'on vérifie s'il y a pas un scorpion dans le lit ?

GRÜDÜ – Je m'en tape, moi. S'il y en a un, je le fracasse.

ARTHUR – Non, bon, on s'en sortira pas.

DEMETRA – Alors qu'est-ce qu'on fait?

ARTHUR – Rien. Qu'est-ce que vous voulez faire? Éteignez, on dort.

DEMETRA – On dort comme ça? Vous vous foutez de moi, je suis à moitié par terre!

GRÜDÜ – Heu… Ouais, sauf qu'il faut pas éteindre. J'ai besoin de la visibilité au cas où il y ait une petite salope de scorpion qui se pointe.

4. INT. CHAMBRE DE DEMETRA – NUIT

ARTHUR et GRÜDÜ dorment à poings fermés. DEMETRA, outrée de l'attitude des deux hommes, décide de réveiller le Roi.

DEMETRA *(à Arthur)* – Ho! Hé!

ARTHUR *(finissant son rêve éveillé)* – … qui m'a piqué? *(réalisant)* Hein? Qu'est-ce qui se passe?

DEMETRA – Regardez-le, l'autre…

ARTHUR *(regardant Grüdü)* – Eh ben quoi?

DEMETRA – Il dort!

ARTHUR – Qu'est-ce que vous voulez qu'il fasse?

DEMETRA – Je croyais qu'il devait surveiller les scorpions!

ARTHUR – Ah non, mais vous allez pas vous y mettre, vous aussi? Une fois pour toutes, il y a pas de scorpions en Bretagne!

DEMETRA – Alors, il n'a rien à foutre là : virez-le de mon lit.

ARTHUR – Vous en avez de bonnes, vous! Il doit peser ses trois cents livres, le machin!

DEMETRA – Bon bah, vous au moins, allez dormir dans votre lit, ça me fera un peu plus de place!

ARTHUR s'apprête à se lever puis se ravise.

ARTHUR – Heu, non, j'aime autant pas.

DEMETRA – Ben, pourquoi?

ARTHUR – Parce que du coup, vous restez avec... Non, sérieux...

FERMETURE

5. INT. CHAMBRE DE DEMETRA – PLUS TARD

*Tout le monde dort, même DEMETRA qui a réussi
à se contenter d'une position précaire.*

GRÜDÜ *(se réveillant en sursaut)* – Il m'ont piqué! Il m'ont piqué, les fumiers!

ARTHUR et DEMETRA se réveillent.

ARTHUR – Ho! Ho! Qu'est ce qui se passe? Ça va pas bien?

GRÜDÜ *(réalisant)* – Putain, j'ai rêvé qu'il y avait des scorpions qui voulaient me piquer...

ARTHUR et DEMETRA se regardent.

NOIR

GRÜDÜ *(OVER)* – En plus, il y en avait un, il était mi-ours, mi-scorpion et re-mi-ours derrière.

23
La Potion De Fécondité

J. SEVILLA – A. ASTIER

3 CORS

1. INT. CHAMBRE D'ARTHUR – NUIT

ARTHUR et GUENIÈVRE sont au lit. ARTHUR compulse un parchemin.

GUENIÈVRE – Ma mère m'a encore assaisonnée sur la question de l'héritier, ce midi.

ARTHUR – C'est-à-dire ?

GUENIÈVRE *(citant sa mère)* – « Oui, toujours pas de petit-fils à l'horizon ! Que vont dire les gens ? »

ARTHUR – De quoi elle se mêle ? Je vous assure…

GUENIÈVRE – J'y connais rien, mais à votre avis, le fait que vous me touchiez pratiquement jamais, ça a une influence sur la fécondité ?

ARTHUR *(après une seconde de réflexion)* – Ça joue… Ça joue.

OUVERTURE

2. INT. LABORATOIRE DE MERLIN – SOIR

*MERLIN s'affaire autour de sa marmite ; il prépare
une potion sous la surveillance oppressante de
SÉLI.*

MERLIN – Ça vient ! Je peux pas faire plus vite que la
musique !

SÉLI – Mais magnez-vous le tronc, on va bientôt se
mettre à table !

MERLIN – Faut le temps que ça épaississe ! Sans blague,
une Potion de Fécondité, ça se prépare pas comme
un fond de veau !

SÉLI – Alors, arrêtez de discutailler et qu'on en finisse !

MERLIN – Et qu'est-ce qui vous fait dire qu'ils en veulent,
des enfants, d'abord ? Vous leur avez demandé leur
avis, au moins ?

SÉLI – J'ai pas d'avis à demander. Un Royaume sans
héritier, c'est la porte ouverte aux fratricides et aux
assassinats de couloir.

MERLIN – Mais vous me faites bosser contre le gré du
Roi, alors ? Vous voulez qu'on me fasse cramer ?

SÉLI – Ça va, on dira pas que c'est vous. Et puis on vous
rince assez toute l'année à rien foutre, pour une fois
qu'on vous demande un service…

MERLIN *(tendant une fiole à Séli)* – Voilà, dans le vin.

SÉLI – Pourquoi, dans le vin ?

MERLIN – Dans le vin parce qu'il faut que ça se mélange
au tanin et puis faites ce que je vous dis et cherchez
pas à comprendre !

SÉLI – Allez. Et j'espère que ça va lui mettre un coup
de fouet…

MERLIN – Ah ça, c'est du garanti !

Séli s'en va.

MERLIN – Attendez-vous à des triplés !

3. INT. SALLE À MANGER – SOIR

ARTHUR dîne avec GUENIÈVRE, LÉODAGAN et SÉLI.

SÉLI *(à Arthur)* – Finissez votre coupe, vous buvez rien !

ARTHUR *(un peu ivre)* – Mais Bon Dieu, ça fait trois fois que je la vide, elle est toujours pleine ! En plus, il est épais, ce picrate ; j'ai l'impression d'avaler de la pâte à crêpes...

LÉODAGAN *(tendant sa coupe)* – Et on peut le goûter pour donner son avis ?

SÉLI – Non ! Pas celui-là !

LÉODAGAN – Pas celui-là ? Et en quel honneur, pas celui-là ?

SÉLI – Parce que celui-là, il vous en faut pas, à vous.

LÉODAGAN – Non mais vous êtes louf, non ?

SÉLI – Vous, vous prenez l'autre carafe.

LÉODAGAN *(énervé)* – Mais vous allez me dire pourquoi ?

SÉLI *(agressive et catégorique)* – Parce qu'elle est plus près !

GUENIÈVRE – Vous engueulez pas pour du vin, quand même.

LÉODAGAN *(se servant une coupe de vin ordinaire)* – C'était déjà pas bien convivial, voilà qu'il y a chacun sa carafe, maintenant !

ARTHUR – Moi, j'ai rien contre partager, mais honnêtement, à part un mal de but du diable, vous perdez pas grand-chose.

SÉLI *(à Arthur)* – Mais non, il est un peu robuste, c'est tout. Allez, vous la finissez, cette coupe ?

ARTHUR – Mais qu'est-ce qui vous prend de vous mêler de ce que je descends, vous, ce soir ? Ça va pas mieux !

SÉLI – La mari de ma sœur, il boit trois pichets par repas, il a déjà huit gosses ! Allez !

GUENIÈVRE – Quel rapport avec les gosses ?

SÉLI – C'est viril, c'est tout. Quand on est un homme, on boit beaucoup de vin.

LÉODAGAN – Alors quand je rentre de la taverne à quatre pattes, vous tapez des crises à rallonge et ce soir, tout d'un coup, on est viril quand on picole !

SÉLI – Je me comprends.

LÉODAGAN – Ah bah, je sais pas comment vous faites ! Ma parole, des engins comme vous, ça devrait être fourni avec une notice !

4. INT. CHAMBRE D'ARTHUR – NUIT

ARTHUR, une bouillotte sur la tête, est allongé à côté de sa femme. Il est au plus mal.

ARTHUR – Qu'est-ce que je me sens mal… Ça tourne…

GUENIÈVRE – Quelle idée, aussi ? Vous qui supportez pas l'odeur du raisin !

ARTHUR *(écœuré)* – Ah, parlez pas de raisin…

GUENIÈVRE – Il y a vraiment des fois où il y a quelque chose qui m'échappe.

ARTHUR – Mais c'était pour pas contrarier votre mère ! Pour une fois qu'elle me sert autre chose que des reproches ! Vous pourriez apprécier !

GUENIÈVRE – J'apprécie, mais si ça doit vous faire passer la nuit à quatre pattes dans le vomi…

ARTHUR *(écœuré)* – Ah, parlez pas de vomi…

GUENIÈVRE *(portant la main à l'épaule de son mari)* – Mon pauvre ami…

ARTHUR – Ah non! Ah là, je suis désolé, il faut pas me toucher, là. Je me sens vraiment pas dans mon assiette.

GUENIÈVRE *(retirant sa main)* – Quand vous êtes dans votre assiette, on peut pas tellement vous toucher non plus…

ARTHUR – Non mais là, ça a rien à voir, c'est parce que je suis écœuré…

Un silence pèse dans la chambre.

ARTHUR *(se reprenant)* – Non mais je vois ce que vous voulez dire… mais là, c'est pas le même écœurement.

FERMETURE

5. INT. CHAMBRE DE LÉODAGAN – NUIT

LÉODAGAN et SÉLI sont au lit.

SÉLI – À l'heure qu'il est, dans la chambre de votre fille, il y a un tigre! Une bête déchaînée! Le petit prince est en marche! Et qu'est-ce qu'on dit? « Merci mamie! »

LÉODAGAN *(après avoir honnêtement réfléchi)* – Non, non mais je crois qu'il y a pas moyen : je pige jamais rien à ce que vous dites.

SÉLI – Vous pouvez pas comprendre.

NOIR

LÉODAGAN *(OVER)* – Ah bah, ça vient de là, alors…

24
L'Interprète

A. ASTIER

3 CORS

1. INT. SALLE DE BAINS – JOUR

*ARTHUR prend un bain avec DEMETRA. On frappe
à la porte.*

PERCEVAL *(OFF)* – Sire! Le Chef des Burgondes est au
château! Il exige un entretien immédiat!

*ARTHUR et DEMETRA marquent leur agacement
d'être interrompus dans leurs ablutions.*

ARTHUR – Non, mais je peux pas!

PERCEVAL *(OFF)* – Pourquoi?

ARTHUR – J'ai pas d'interprète qui parle le burgonde.

PERCEVAL *(OFF)* – Il est venu avec son interprète!

*ARTHUR soupire et s'apprête à sortir de la
baignoire.*

DEMETRA – Vous y allez?

ARTHUR – Évidemment.

DEMETRA – Si ça se trouve, son interprète à lui, il parle
pas burgonde non plus…

OUVERTURE

2. INT. SALLE DE LA TABLE RONDE – JOUR

Père Blaise et Arthur reçoivent le Chef des Burgondes, accompagné de son interprète.

ARTHUR *(à Père Blaise)* – Qu'est-ce qu'on fait?

PÈRE BLAISE – C'est sûr que c'est rude mais je trouve pas ça malhonnête.

ARTHUR *(à l'Interprète)* – Bon dites-lui qu'on accepte les conditions.

L'INTERPRÈTE – Vous êtes sûr?

ARTHUR – Comment?

L'INTERPRÈTE – Vous allez pas regretter?

PÈRE BLAISE – Ben, c'est difficile de peser le pour et le…

ARTHUR *(coupant Père Blaise)* – Attendez, attendez… *(à l'Interprète)* De quoi vous vous mêlez, vous?

L'INTERPRÈTE – Ah non mais moi, je dis ça, c'est pour vous! C'est quand même une lourde décision, le retrait des troupes…

ARTHUR – Non mais ho, vous êtes interprète ou diplomate?

L'INTERPRÈTE – Non non, interprète, interprète! M'enfin, quand même, vous êtes en position de force… Moi ça me ferait mal au cul…

ARTHUR *(le coupant)* – Bon, dites-lui ce qu'on vous dit de lui dire et puis quand on aura besoin de vos avis, on vous fera signe.

L'INTERPRÈTE – Ben, c'est vous le Chef.

ARTHUR – Ben, un peu, oui.

3. INT. SALLE DE LA TABLE RONDE – ENSUITE

ARTHUR et PÈRE BLAISE mènent une curieuse discussion avec L'INTERPRÈTE tandis que LE ROI BURGONDE reste silencieux.

L'INTERPRÈTE *(à Arthur)* – Alors qu'est-ce qu'on décide? Le retrait des troupes?

PÈRE BLAISE – À moins que vous ayez une autre solution…

L'INTERPRÈTE – Ben, honnêtement…

ARTHUR – Non mais ça va, maintenant! Il y a pas à discutailler de solutions avec un interprète! On retire les troupes et…

L'INTERPRÈTE – Franchement, vous voulez que je vous dise?

ARTHUR – Non, ça ne m'intéresse pas! Vous la fermez et vous traduisez!

L'INTERPRÈTE – Vous tenez le coup encore deux jours et c'est bon, vous les saignez comme des chèvres!

PÈRE BLAISE – Qu'est-ce qui vous fait dire ça?

ARTHUR – Mais on s'en fout! On a pas à se farcir les stratagèmes d'un interprète!

PÈRE BLAISE – Non, mais pourquoi deux jours? C'est intéressant!

L'INTERPRÈTE – Mais vous vous rendez pas compte de ce que c'est, les Burgondes! Là, c'est un miracle qu'ils soient pas déjà tous crevés! Ils font n'importe quoi! En plus, il en reste une poignée…

PÈRE BLAISE – Une poignée? Mais vous avez dit qu'ils étaient sept cents!

L'INTERPRÈTE *(désignant le Chef Burgonde)* – Ah non, moi, je traduis ce que me raconte celui-là! C'est lui qui parle de sept cents mais je sais pas où il va chercher ça, il sait pas compter.

ARTHUR *(la tête dans les mains)* – Mais est-ce que vous allez finir par traduire ce qu'on vous demande ?

L'INTERPRÈTE – J'y vais. Mais vous fiez pas à ce qu'il raconte, lui ! Parce que déjà, les Burgondes, ils sont cons comme des meules mais alors celui-là… Vous pouvez pas savoir ce que c'est que de tomber interprète avec un engin pareil.

Le Burgonde pète.

L'INTERPRÈTE – Toute la journée collé à ce gros tas ! Il crache, il lâche des caisses… Une fois à table – je le vois qui commence à devenir tout bleu – il était en train de s'étouffer avec un os de caille, ce débile. Il tousse, il racle, il tousse, il racle et boum ! il me gerbe dessus ! Vous le croyez, ça ? Une autre fois…

ARTHUR *(très en colère)* – Mais enfin, vous allez pas nous sortir votre biographie !

Le mot « biographie » semble plonger LE CHEF BURGONDE dans une profonde nostalgie.

L'INTERPRÈTE – Bon, bon j'y vais !

ARTHUR – C'est pas dommage !

L'INTERPRÈTE – J'y vais mais bon, il faut être raisonnable… Je vais pas lui dire que vous retirez vos troupes…

4. INT. SALLE DE LA TABLE RONDE – ENSUITE

ARTHUR tente de convaincre L'INTERPRÈTE de bien vouloir informer son Roi de la capitulation des troupes de Kaamelott.

ARTHUR – C'est pas votre intérêt qu'on se retire pas ! Parce que si on fout une peignée aux Burgondes, vous y passez avec !

L'INTERPRÈTE – Ben… En fait, je pensais qu'on laisserait repartir le gros tout seul et que – peut être – j'aurais pu rester avec vous comme interprète… À moins que vous en ayez déjà un ?

ARTHUR – Oui c'est bon, je vous remercie, j'ai ce qu'il faut.

PÈRE BLAISE – Bah non, l'autre jour, vous disiez qu'il vous manquait un interprète.

L'INTERPRÈTE – Ben voilà !

ARTHUR – Non mais c'est pas un interprète… Il me faut… attendez… Oui il me faut un interprète mais…

L'INTERPRÈTE – Mais quoi ?

ARTHUR – Un interprète mais pas vous. Voilà.

PÈRE BLAISE – Vous parlez quoi ?

L'INTERPRÈTE – Le burgonde.

PÈRE BLAISE – Et puis ?

L'INTERPRÈTE – Deux autres patois burgondes.

ARTHUR – Super. J'aime autant vous dire que des types qui parlent le patois burgonde… *(désignant le Roi)* À part ce morceau-là, il en passe pas tous les jours devant les remparts !

PÈRE BLAISE – Bon ben on vous prend comme interprète burgonde.

ARTHUR – Quoi ?

L'INTERPRÈTE *(très heureux)* – Oh merci !

ARTHUR est abasourdi.

FERMETURE

5. INT. SALLE DE LA TABLE RONDE – PLUS TARD

PÈRE BLAISE et L'INTERPRÈTE sont restés seuls.

L'INTERPRÈTE – Faudrait quand même pas qu'il y ait d'accroc parce que si les Burgondes gagnent, je vais passer un joyeux quart d'heure ! Ils sont pas vraiment choucards avec les traîtres…

PÈRE BLAISE – Vous inquiétez pas… Je voulais vous demander : comment vous en êtes venu à la culture burgonde ?

L'INTERPRÈTE – La culture burgonde ? Je savais même pas qu'il y en avait une… Non moi, je voulais faire grec moderne mais il y avait plus de place.

NOIR

L'INTERPRÈTE (*OVER*) – Il restait que burgonde ou anglais… mais anglais, c'est encore moins répandu.

25
Le Sacrifice

A. ASTIER

3 CORS

1. INT. CHAMBRE D'ARTHUR – SOIR

ARTHUR et GUENIÈVRE sont au lit. ARTHUR consulte un parchemin. Au loin dans la forêt, quelques loups hurlent.

GUENIÈVRE *(angoissée)* – Vous trouvez pas que les loups sont agités, en ce moment ?

ARTHUR – Si.

GUENIÈVRE – Qu'est-ce que ça peut bien vouloir dire ?

ARTHUR – Sûrement un mauvais présage. Quand les loups sont menaçants dans la nuit, c'est que le Diable s'apprête à sortir.

GUENIÈVRE – Si vous dites ça pour me faire peur, c'est pas très malin !

ARTHUR – Mais… vous me posez la question, je vous réponds !

ARTHUR, sans quitter son parchemin, sourit de satisfaction.

OUVERTURE

2. INT. SALLE DU TRÔNE – JOUR

Élias est venu à la séance de doléances pour y exposer un problème de première importance.

ÉLIAS – Les Dieux sont en colère, Arthur! L'Esprit des Loups gronde! Tu dois L'écouter! Sans quoi ton Royaume tombera dans l'abysse de l'oubli!

ARTHUR *(à Lancelot, discrètement)* – Pourquoi il me tutoie à chaque fois, ce con? On n'a pas gardé les chèvres ensemble, que je sache!

LANCELOT *(discrètement)* – Sûrement histoire de montrer qu'il craint personne…

MERLIN *(discrètement)* – Non et puis lui, c'est un genre qu'il se donne, aussi. Il se l'est toujours un peu pétée.

ÉLIAS – Je vous signale que j'entends tout ce que vous dites!

ARTHUR *(à Élias)* – Bon, les Dieux sont en colère, d'accord. Qu'est-ce que je peux y faire, moi?

ÉLIAS *(levant le doigt)* – La forêt exige un sacrifice!

En l'air, sa main s'illumine comme si la foudre allait en sortir. En face, LES CHEVALIERS et MERLIN sont pris de panique.

ARTHUR ET LANCELOT – Ho, ho! Stop! Stop!

ARTHUR – On peut causer quand même, non?

ÉLIAS *(regardant sa main)* – Hein? Ah non mais c'est rien, ça, c'est quand je lève le bras, ça s'allume… Vous inquiétez pas.

3. INT. SALLE DU TRÔNE – ENSUITE

La discussion continue.

LANCELOT *(à Élias)* – Un sacrifice, vous êtes vraiment sûr?

ARTHUR – Je croyais que ça se faisait plus depuis long-temps, ces trucs-là, moi.

MERLIN – Si, une bestiole ou deux de temps en temps, à la pleine lune… Ça marque le coup.

LÉODAGAN *(à Élias)* – Mais qu'est-ce qu'il vous faudrait, au juste, à sacrifier? Un bouc?

ÉLIAS – Ah non! Là, c'est un cas de force majeure, il me faut un être humain!

LANCELOT – Mais quel être humain? Peu importe?

ÉLIAS – Ah bah, quelque chose de sérieux, c'est sûr! Si vous me refilez le péquenaud du coin à moitié moisi, ça passera pas!

MERLIN – Non, si c'est l'Esprit des Loups qui réclame, il faut du frais.

ÉLIAS – Exact. Et de préférence, une femme.

LANCELOT *(indigné)* – Une femme? Il n'en est pas question!

LÉODAGAN – Bah pourquoi?

LANCELOT – Sire, tout de même!

ARTHUR – Quoi « Sire, tout de même »? C'est vrai que vous êtes chiant avec vos principes, des fois! Une femme, c'est intolérable et un homme : « Bah, c'est pas grave, on peut en décaniller dix par jour! »

LANCELOT – Excusez-moi, Sire.

ÉLIAS – Eh, attention! Je dis « une femme » mais vu la colère de l'Esprit des Loups, il va pas me falloir une morue de la taverne!

LÉODAGAN – Qui alors ?

ÉLIAS – Bah, la Reine !

LANCELOT – La Reine ! Il n'en est pas question !

ARTHUR *(à Élias)* – La Reine, c'est ma femme !

LÉODAGAN – Moi, c'est ma fille !

LANCELOT – Moi, c'est personne, mais je trouve ça inadmissible !

MERLIN – Moi, je vous préviens : si l'Esprit des Loups se met en colère, ça va pas être une partie de rigolade !

ÉLIAS – Allez ! Un beau geste ! Elle souffrira pas !

4. INT. SALLE DU TRÔNE – ENSUITE

LES CHEVALIERS sont scandalisés.

ARTHUR *(à Élias)* – Non mais je vous refilerai pas la Reine, n'insistez pas !

ÉLIAS – Mais pourquoi ?

ARTHUR – Parce que… je m'y suis fait. Ça a pris assez de temps comme ça, je commence à peine à supporter sa présence – excusez-moi, beau-père…

LÉODAGAN – Ah, mais moi, je vous admire : j'ai jamais pu, moi.

ARTHUR – Bref, c'est pas pour l'envoyer se faire sacrifier sous prétexte que Machin des Loups est pas jouasse !

Les Enchanteurs sont impressionnés par le blasphème d'ARTHUR.

MERLIN – C'est « l'Esprit des Loups. »

ARTHUR – Oui bah Il ira se trouver quelqu'un d'autre que la Reine.

ÉLIAS – Vous avez tort de prendre ça à la légère! Si dans un mois, tous les loups sortent de la forêt pour nous attaquer, vous demanderez pas d'où ça vient!

LANCELOT *(noble)* – N'ayez crainte, Sire! Je protégerai la Reine de la férocité des bêtes de la nuit!

ARTHUR – Oh non, mais allez boire un coup, je vous assure, ça ira mieux.

FERMETURE

5. INT. CHAMBRE D'ARTHUR – SOIR

ARTHUR lit un parchemin tandis que GUENIÈVRE dort, bouche ouverte, son ouvrage de broderie dans les mains. Au loin, un loup hurle. Puis un autre. Enfin, des loups semblent se battre dans la forêt. ARTHUR écoute les loup puis regarde sa femme. Il écoute de nouveau les loups et enfin, souffle sa bougie.

NOIR

ARTHUR *(over)* – J'ai peut-être fait une connerie, moi.

26
À La Volette

A. Astier

3 CORS

1. INT. SALLE À MANGER – JOUR

Arthur, Guenièvre et Séli déjeunent.

GUENIÈVRE *(gaie, rompant le silence)* – Aujourd'hui, j'ai une petite surprise pour vous tous!

Séli – Une surprise? Mais vous m'avez rien dit!

Arthur – C'est un peu le principe de la surprise, en fait. *(soudain, à Guenièvre)* Ah mais c'est un barde?

GUENIÈVRE *(déçue)* – Ah, bravo…

Arthur – Un pignouf avec des grelots accrochés aux pompes? Ça fait une demi-heure qu'il attend dans le couloir! Alors la surprise…

Séli – Et puis, un barde, vous parlez d'une surprise!

Guenièvre soupire, découragée.

OUVERTURE

2. INT. SALLE DE LA TABLE RONDE – JOUR

Les Chevaliers discutent autour de la Table Ronde ; ARTHUR semble absorbé par quelque chose.

LÉODAGAN – Des solutions, moi, j'en vois que deux. Soit on les arrête demain quand ils accostent, soit on les arrête dans une semaine quand ils balancent des pierres sur le château.

LANCELOT – On n'a jamais dit qu'il fallait attendre qu'ils arrivent au château !

LÉODAGAN – Alors il faut donner l'ordre de tirer sur les Drakkars !

BOHORT – Sire, peut-être serait-il bon d'attendre le prochain rapport des espions ?

ARTHUR ne l'écoute pas ; il est dans ses pensées, marmonnant silencieusement quelque chose. Les Chevaliers se regardent, étonnés.

BOHORT *(à Arthur)* – Sire ? *(de nouveau)* Sire !

ARTHUR – Hein ? Qu'est-ce qu'il y a ? Vous m'avez parlé ?

LANCELOT – À propos des Vikings…

ARTHUR – Je suis désolé, ma femme a fait venir un barde pendant le déjeuner, j'ai cette saloperie de chanson dans la tête, j'arrive pas à m'en débarrasser !

BOHORT – Laquelle ?

ARTHUR – Le truc avec l'oiseau, là.

PERCEVAL – « À La Volette ». C'est vrai qu'elle reste, celle-là.

BOHORT – C'est parce que la mélodie est simple.

ARTHUR – La vache ! Ça me prend la tronche depuis tout à l'heure, je sais pas comment m'en sortir !

LÉODAGAN – Et pour les Vikings, qu'est-ce qu'on fait ? On leur chante des chansons ?

3. INT. LABORATOIRE DE MERLIN – JOUR

ARTHUR est venu voir MERLIN dans son laboratoire.

ARTHUR – Non mais c'est une petite chansonnette à deux ronds, en plus ! Mais il y a pas moyen, ça tourne, ça tourne, ça va me rendre dingue !

MERLIN – Et qu'est-ce que vous voulez que j'y fasse, moi ?

ARTHUR – J'en sais rien, quelque chose ! Je vous demande jamais rien !

MERLIN choisit un grimoire sur une étagère et commence à le compulser.

MERLIN *(feuilletant le grimoire)* – Alors, « la potion de la chansonnette qui reste dans la tête »… *(cherchant)* C'est pas ça… C'est pas celle-là…

Il s'arrête et fixe ARTHUR, attendant une réaction à sa comédie.

ARTHUR – Vous trouvez pas ?

MERLIN – Non mais Sire, je déconne, là… Vous imaginez pas que j'ai une potion comme ça, toute prête dans mes grimoires !

ARTHUR – Ah super ! Mort de rire, la vanne ! Quand on aura fini de se poiler, on pourra peut-être s'occuper de mon problème ? J'ai des tonnes de trucs à régler aujourd'hui et pas moyen de me concentrer cinq minutes !

MERLIN – Qu'est-ce que vous voulez que je vous dise ? Allez prendre l'air cinq minutes, mangez un morceau, ça finira bien par passer !

ARTHUR – J'ai fait trois fois le tour du château, je me suis farci une demi-pintade ! Ça persiste !

MERLIN – Une petite sieste, peut être…

ARTHUR – J'ai plus le temps, là ! Il faut que je prenne des décisions militaires dans l'heure qui vient sinon on va se faire raser le pays par les Vikings !

MERLIN – Carrément ?

ARTHUR – Ben, si je viens vous voir jusque dans votre canfouine, c'est que c'est urgent ! J'ai pas l'habitude de passer pour tailler le bout de gras !

MERLIN – Pour moi, la meilleure chose à faire, c'est de la chanter franchement.

ARTHUR – C'est-à-dire ?

MERLIN – Quand ça vous vient, vous la chantez fort et en entier. Parce que ce qui fait que ça tourne, c'est que vous la marmonnez dans votre barbe. Du coup, elle peut pas sortir.

ARTHUR – M'enfin, je vais pas me mettre à chanter en pleine réunion stratégique !

MERLIN – Vous le faites une bonne fois, je suis sûr que ça évacue. Qu'est-ce que ça coûte ? Trente secondes…

ARTHUR – Bon, je vais voir.

Il s'apprête à partir puis revient vers MERLIN.

ARTHUR – Quand je viens vous voir pour quelque chose, c'est l'Enchanteur que je viens voir. Pour qu'il me donne des solutions d'Enchanteur. Pas des combines à la noix ou des remèdes de bonne-femme ! Vous êtes mon Enchanteur, vous êtes pas ma grand-mère ! OK ?

4. INT. SALLE DE LA TABLE RONDE – JOUR

*ARTHUR est de nouveau en réunion stratégique.
Les hommes tentent de trouver une réponse
militaire à l'imminente invasion.*

LÉODAGAN – Moi, je dis qu'avec cinquante archers et cent mecs à pied, on les pulvérise !

BOHORT – Et les trébuchets ?

LANCELOT – Attendez, on n'a pas les moyens de savoir s'ils ont embarqué des trébuchets !

BOHORT *(inquiet)* – Et s'ils en ont ?

LÉODAGAN – S'ils en ont, il faudra quand même qu'ils les débarquent, qu'ils les montent, qu'ils préparent les pierres… Si on est sur place, on leur laissera pas le temps de s'installer ! On défonce tout et puis le Drakkar avec !

PERCEVAL – Bon bah, il faut partir tout de suite, alors.

BOHORT – Sire ? On prépare un bataillon ?

ARTHUR est encore dans ses pensées.

BOHORT – Sire ?

ARTHUR *(émergeant)* – Attendez une seconde.
(chantant) –   « *Mon petit oiseau
A pris sa volée.
A pris sa – à la volette –
A pris sa – à la volette –
A pris sa volée.* »

Les hommes se regardent.

ARTHUR – *(parlant, à Bohort)* Vous disiez ?

BOHORT *(décontenancé)* – À… À propos des Vikings…

ARTHUR – Alors, pour les Vikings… *(rattrapé par sa chanson)* Putain! Excusez-moi… *(chantant)* –
« Est allé se mettre
Sur un oranger. »

FERMETURE

5. INT. CHAMBRE D'ARTHUR – SOIR

ARTHUR et GUENIÈVRE sont au lit. Alors que GUENIÈVRE somnole, ARTHUR est toujours perturbé par sa chanson, incapable de prêter la moindre attention à son parchemin.

GUENIÈVRE – C'était pas une mauvaise idée, le barde, à midi, non?

ARTHUR – Écoutez-moi bien. La prochaine fois que vous faites venir un barde au repas, je lui ouvre le bide de là à là, je lui sors les boyaux devant tout le monde et je file sa langue à bouffer aux chiens. C'est clair, ça?

GUENIÈVRE reste interdite.

NOIR

ARTHUR *(OVER, chantant)* –   « La branche était sèche,
Elle s'est cassée. »

27
De Retour De Judée

A. Astier

3 CORS

1. INT. COULOIRS – JOUR

Arthur, s'apprêtant à entrer dans la salle de la Table Ronde, croise Perceval qui tient une flûte à la main sur le pas de la porte.

Arthur – Eh! Qu'est-ce que vous foutez avec ça? Vous allez pas jouer de la flûte pendant la réunion, si?

Perceval – C'est le Seigneur Dagonet qui me l'a ramenée de Judée. Il paraît que c'est typique.

Arthur – Rangez-moi ça, débile! Et essayez de vous tenir! La Table Ronde, c'est pas une fête de l'artisanat!

Ils rentrent dans la pièce. Bohort arrive en retard, un magnifique collier oriental autour du cou.

OUVERTURE

2. INT. SALLE DE LA TABLE RONDE – JOUR

Le Seigneur Dagonet a pris place parmi les Chevaliers à la Table Ronde.

ARTHUR – Saluons la présence de notre camarade Dagonet qui, comme vous le savez tous, nous revient de Judée où il…

ARTHUR remarque le collier de BOHORT.

ARTHUR – Qu'est-ce que vous avez là, Bohort ?

BOHORT *(heureux)* – Un cadeau du Seigneur Dagonet, Sire. Il paraît que c'est local…

DAGONET – Ah ça, il y a pas plus local !

CALOGRENANT – C'est peut-être local mais… ça fait un peu gonzesse, non ?

BOHORT – C'est traditionnel !

ARTHUR – Bref. Donc, bienvenue au Seigneur Dagonet. Père Blaise ?

PÈRE BLAISE – Le Seigneur Dagonet doit aujourd'hui nous raconter son enquête en Judée et nous présenter les nouveaux indices qu'il a pu réunir sur le Graal.

ARTHUR – D'accord. Et ça, ça nous prend juste la séance d'aujourd'hui ou celle de demain, aussi ?

PÈRE BLAISE – Bah, tout dépend de la masse d'informations…

ARTHUR – Dagonet, il vous faut un jour ou deux pour votre exposé ?

DAGONET – Vous voulez dire à propos du Graal ?

ARTHUR – Oui, à propos du Graal, oui…

DAGONET – À mon avis, un bon quart d'heure et on a fait le tour !

3. INT. SALLE DE LA TABLE RONDE – ENSUITE

Dagonet a commencé son exposé. Les Chevaliers sont attentifs et impatients.

DAGONET *(avec mystère)* – Le premier truc qui m'a mis la puce à l'oreille, c'est la langue.

ARTHUR – La langue… ?

DAGONET – Eh ouais! Parce que vous savez ce que c'est : on se prépare à partir, on a fait son petit bardas, on arrive sur place, boum! Mais c'est quand les gens commencent à parler la langue du coin que là…

ARTHUR – Eh ben quoi ?

DAGONET – Là, on se dit : « Je suis loin de chez moi. »

ARTHUR jette un regard sceptique à LÉODAGAN.

ARTHUR – D'accord. Alors ça, c'est super… Sinon ?

DAGONET – Sinon, l'autre truc qui m'a frappé, c'est la nourriture.

ARTHUR perd patience.

DAGONET – Ah vous pouvez pas savoir!

KARADOC – Ils ont pas des bonnes spécialités ?

DAGONET – C'est pas que c'est pas bon…

BOHORT – Peut-être un peu épicé ?

DAGONET – Non, je dirais pas ça non plus…

PERCEVAL – C'est riche, non ?

DAGONET – C'est riche mais… non, je sais pas comment dire…

ARTHUR *(coupant court)* – Voilà! Alors, juste un truc : moi, ça me plaît beaucoup, tout ça. Seulement, pour aujourd'hui, on va mettre de côté la langue, la bouffe, les coutumes, la musique et les curiosités pour se concentrer plus spécifiquement sur…?

DAGONET *(cherchant)* – Les monuments?

ARTHUR *(perdant patience)* – Le Graal!

DAGONET – Ah! Alors, pour le Graal, j'ai peut-être un truc.

ARTHUR – Ce serait pas mal.

DAGONET – Un jour, je rentre dans une sorte de taverne comme ils ont là-bas, je m'assois et je dis que j'ai faim. Le type m'amène une belle assiette; il y avait un peu de tout, dedans : des poivrons, de l'agneau…

ARTHUR – Stop! Non non, pas le menu.

DAGONET – Pardon. Et là, il y a un vieux qui vient s'asseoir juste à côté de moi.

BOHORT *(très excité)* – C'est pittoresque!

BOHORT tombe sur le visage d'ARTHUR et se rend compte de l'incongruité de sa réplique.

4. INT. SALLE DE LA TABLE RONDE – ENSUITE

L'exposé de Dagonet continue.

DAGONET – Au début, il essayait de me vendre un genre de turban qu'ils mettent sur la tête. J'ai commencé par l'envoyer chier et puis je me suis dit que ça ferait sûrement plaisir au Seigneur Karadoc.

KARADOC, souriant, arbore un magnifique turban sur sa tête.

ARTHUR – Et après?

DAGONET – Et après – tenez-vous bien – j'apprends à force de le cuisiner qu'il est de la famille de Joseph d'Arimathie.

Tous les Chevaliers sont surpris.

PÈRE BLAISE – Joseph d'Arimathie, vous êtes sûr ?

DAGONET – Comme je vous dis ! Joseph d'Arimathie qui a recueilli le sang du Christ avec le Graal et tout le tableau !

LANCELOT – La vache !

CALOGRENANT – Ça, c'est de l'indice !

ARTHUR *(impatient)* – Et après ?

DAGONET – Après, il est mort.

ARTHUR – Quoi ?

DAGONET – Ouais. Il était déjà pas bien quand je lui parlais, il arrêtait pas de se gratter… Et puis, à un moment, il a commencé à gerber, et il est mort.

Les Chevaliers sont abasourdis.

DAGONET – C'est con, hein ?

FERMETURE

5. INT. SALLE DE LA TABLE RONDE – PLUS TARD

Tandis qu'ARTHUR désespère sur son Trône, les Chevaliers mâchonnent une sorte de piment séché.

PERCEVAL – C'est vrai que c'est fort mais moi, j'aime bien, ça.

DAGONET – Ah et puis ça, il y a pas plus local.

KARADOC – C'est pas tellement que c'est fort… Je dirais plutôt que ça pique.

DAGONET – Et eux, ils en font une pâte qu'ils se tartinent sur la gueule. Il paraît que c'est astringent.

NOIR

KARADOC *(OVER)* – Non, moi je dirais plutôt que ça pique.

28
La Botte Secrète

A. ASTIER

3 CORS

1. INT. TAVERNE – SOIR

*PERCEVAL et KARADOC finissent leur verre ; LE
TAVERNIER débarrasse les tables vides en
soupirant.*

LE TAVERNIER – Allez, une journée de plus en moins. On
va dormir un peu et demain, on recommence. Je peux
vous dire que « tavernier », c'est pas une sinécure.

KARADOC – C'est pas faux.

LE TAVERNIER s'éloigne.

PERCEVAL *(discrètement, à Karadoc)* – J'ai jamais su ce
que ça voulait dire « sinécure ».

KARADOC – Moi non plus. Quand vous comprenez pas,
vous dites « c'est pas faux ». Comme ça, vous passez
pas pour un glandu. C'est ma botte secrète.

PERCEVAL *(intrigué)* – « C'est pas faux » ?

OUVERTURE

2. INT. SALLE À MANGER – JOUR

ARTHUR et PERCEVAL sont à table.

ARTHUR – Faudra quand même qu'un jour, on se décide à mettre un poste de garde sur cette route. Trois fois qu'on se fait surprendre comme des bleus par les Vandales…

PERCEVAL – Le problème, c'est que quand on met des hommes à un poste de garde, la première semaine, ils jouent aux cartes, ils font leur petit rata, mais après, avec la solitude, ils sont beurrés du soir au matin. On les retrouve affalés sur la table…

ARTHUR – Ils se débrouillent ! Une relève toutes les deux semaines, je me fous pas d'eux, quand même ! Je suis désolé, c'est ça « monter la garde » ; on n'a jamais dit que c'était une sinécure.

PERCEVAL *(gardant son calme)* – C'est pas faux.

ARTHUR continue de manger. PERCEVAL est rassuré.

ARTHUR – Alors du coup, les Vandales arrivent au poste de garde, ils sont surpris et ils ont même pas le temps de donner l'alerte !

PERCEVAL – La première semaine, ça va…

ARTHUR – La première semaine… Vous irez leur dire, aux Vandales, qu'il faut pas qu'ils se pointent en deuxième semaine parce que nos gardes supportent pas la solitude.

PERCEVAL – Je sais bien…

ARTHUR – Sans blague, vous trouvez pas que c'est paradoxal ?

PERCEVAL *(inquiet, après une seconde d'hésitation)* – Ouais, c'est pas faux…

ARTHUR *(satisfait de l'accord de Perceval)* – Et alors…

PERCEVAL est ravi de sa nouvelle technique.

3. EXT. FORÊT – JOUR

ARTHUR, LANCELOT et PERCEVAL sont retranchés derrière les arbres. Blessés, menacés de toutes parts par leurs ennemis, ils tentent de trouver une solution de repli alors qu'au loin, la bataille fait rage.

ARTHUR – Il faut qu'on trouve une solution de repli, on va y rester!

LANCELOT – Ils ont coupé les deux issues au nord et au nord-est!

ARTHUR – Mais c'est pas sûr ça!

LANCELOT – Les éclaireurs reviennent pas, vous allez pas me dire que c'est bon signe!

ARTHUR – Et de rester là comme des noix à attendre de se faire dérouiller, vous trouvez que c'est bon signe?

LANCELOT – On va pas courir vers des points de retraite en sachant qu'il y a neuf chances sur dix qu'ils soient exposés!

ARTHUR – Mais on n'en sait rien, venez pas me la jouer! Les éclaireurs sont pas revenus, c'est tout! Ça veut rien dire, ça!

LANCELOT *(paniqué, prenant une carte des mains de Perceval)* – Il faut trouver un autre point!

ARTHUR – Je croyais que les cartes étaient fausses! Faudrait savoir!

PERCEVAL – Attendez, j'ai pas dit qu'elles étaient fausses! On m'a dit qu'elles étaient pas d'hier, c'est pas pareil!

LANCELOT – Mais elles sont vraiment vieilles ?

PERCEVAL – J'en sais rien, moi, je vous répète ce qu'on m'a dit. De toute façon, j'y comprends rien aux cartes.

ARTHUR – Ah faites un effort, hein !

PERCEVAL – On m'a dit : « Attention, elles sont pas d'hier ! »

LANCELOT – D'accord, elles sont pas d'hier mais est-ce que vous pensez qu'elles sont obsolètes ?

PERCEVAL *(sans frémir)* – Euh… C'est pas faux.

ARTHUR – Quoi « c'est pas faux » ?

PERCEVAL – De quoi ?

LANCELOT – On vous demande si vous pensez que les cartes sont obsolètes !

PERCEVAL – Ben, c'est pas faux.

ARTHUR – Bon, on s'est fait refiler des cartes d'il y a vingt ans, quoi…

PERCEVAL – J'ai pris ce qu'il y avait, moi…

ARTHUR – Vous vous êtes encore débrouillé comme un chef ! Je me demande vraiment ce qu'on peut vous confier…

LANCELOT – Écoutez, on tente une passe triple, on est trois !

PERCEVAL – De quoi ?

ARTHUR – Une passe triple, c'est pas con, on a nos chances…

PERCEVAL *(paniqué)* – Ouais, c'est pas faux.

LANCELOT – Convergente ?

ARTHUR *(après une seconde de réflexion)* – Convergente, ouais… On est obligés à cause des arbres.

Perceval *(perdu)* – Ouais, c'est pas faux…

Arthur et Lancelot se préparent.

Lancelot – Trois… Deux… Un…

Ils se lèvent et partent en courant. Perceval reste seul.

Perceval *(criant)* – Ouais, c'est pas faux !

4. INT. CUISINES – JOUR

Perceval et Angharad discutent.

Angharad – C'est vrai qu'en ce moment, ça va pas fort. Heureusement que vous êtes là pour me réconforter.

Perceval – C'est bien normal.

Angharad – Non, quand même… Combien il y en a qui se débinent dès qu'il y a quelque chose qui cloche ?

Perceval – Vous me dites « ça va pas fort, il faut qu'on se voie » : on se voit. Avec moi, vous savez, c'est carré.

Angharad – Surtout qu'on s'est pas vus beaucoup ces derniers temps !

Perceval – Ah bah… les responsabilités, toujours sur la brèche…

Angharad – Beaucoup d'envahisseurs à repousser, ces temps-ci ?

Perceval – C'est pas tellement ça, mais bon… Arthur a souvent besoin de moi pour des conseils stratégiques. Disons que je chapeaute un peu tout ce qui est action militaire sur le territoire breton. Ça fait du travail.

Angharad – C'est d'autant plus gentil à vous d'avoir pris un peu de temps pour moi. Je sais pas ce qui m'arrive ces jours-ci… Je me regarde dans le miroir, j'ai l'impression d'être insipide!

PERCEVAL *(ne comprenant pas)* – Ouais, c'est pas faux.

ANGHARAD encaisse le coup.

ANGHARAD *(dure)* – Ca m'a fait du bien de parler. Merci.

Elle s'en va. PERCEVAL se félicite lui-même.

FERMETURE

5. INT. SALLE À MANGER – JOUR

ARTHUR et PERCEVAL sont à table. Ils mangent.

PERCEVAL – Les travers de porc, c'est pas mauvais, mais ça vaut pas les côtelettes. Les côtelettes, c'est plus savoureux.

ARTHUR – Ouais, c'est pas faux.

PERCEVAL regarde ARTHUR sans y croire.

PERCEVAL – Sans blague, vous savez pas ce que ça veut dire « savoureux »?

ARTHUR – Quoi? Ben… évidemment que si!

NOIR

PERCEVAL *(over)* – C'est « côtelettes » que vous comprenez pas?

29
L'Assassin De Kaamelott

A. ASTIER

3 CORS

1. INT. CHAMBRE D'ARTHUR – SOIR

ARTHUR et GUENIÈVRE sont au lit.

GUENIÈVRE – Il est pas là, votre garde du corps, ce soir ?

ARTHUR – Si mais il surveille le couloir.

GUENIÈVRE – Avec tous ces meurtres, c'est plutôt rassurant. *(s'approchant tendrement de lui)* Et puis c'est plus intime que quand il est juste au pied du lit…

ARTHUR – Non, mais il entend ! Il entend, il est juste là.

GUENIÈVRE *(déçue)* – C'est dommage, quand même.

ARTHUR – Ah ouais, il y en a marre.

OUVERTURE

2. INT. SALLE DE LA TABLE RONDE – JOUR

ARTHUR a fait convoquer LANCELOT, LÉODAGAN et BOHORT.

LANCELOT – Un serviteur, Sire. On l'a retrouvé mort dans le couloir.

LÉODAGAN – À part la tête qu'était dans l'escalier.

BOHORT – Mon Dieu, quelle horreur! Un assassin rôde dans le château!

ARTHUR – Sans être spécialement craintif, faut admettre que c'est préoccupant!

LANCELOT – Ça fait quatorze serviteurs morts en moins d'un mois.

BOHORT – Quinze avec celui de ce matin.

LANCELOT – C'est là que je me félicite de vous avoir imposé un garde du corps, Sire.

ARTHUR – C'est vrai que là, ça tombe bien.

BOHORT – On ne peut malheureusement pas tous avoir un garde du corps!

LÉODAGAN – De toute façon, l'assassin bute que les loufiats! On n'est pas tellement concernés!

ARTHUR – Excusez-moi, je pense à une chose… Ça fait combien de temps que vous me l'avez collé, le garde du corps?

LANCELOT – Presque quatre semaines, pour le traité de paix saxon.

ARTHUR – Et de quand date le premier mort?

Les hommes se regardent avec effroi.

3. INT. SALLE DE LA TABLE RONDE – PLUS TARD

Arthur, Lancelot, Léodagan et Bohort ont convoqué Grüdü.

ARTHUR *(à Grüdü)* – Alors voilà. On vous a convoqué parce que vous n'êtes pas sans savoir qu'en ce moment, à Kaamelott…

GRÜDÜ *(le coupant)* – Où ça?

ARTHUR – Kaamelott. C'est ici, Kaamelott. C'est le château.

GRÜDÜ – Ah.

ARTHUR *(reprenant le fil de sa phrase)* – … à Kaamelott, nous sommes victimes d'une série de meurtres.

GRÜDÜ – Non mais vous inquiétez pas, tant que je suis là, vous risquez rien.

LANCELOT – Non, non mais c'est pas ça.

BOHORT – On se posait simplement la question…

LÉODAGAN – Par exemple, ce matin, on a retrouvé un serviteur mort dans le couloir.

GRÜDÜ – Celui avec la tête détachée du reste?

LANCELOT – Oui, comment vous le savez?

GRÜDÜ – Non mais c'est moi, celui-là.

ARTHUR – Quoi?

BOHORT – Le pauvre homme!

LANCELOT – Mais pourquoi vous avez fait ça?

GRÜDÜ – Il venait rôder à côté de la chambre du Roi, ce bâtard! Ce matin, je l'ai attendu derrière la tenture et je lui ai mis un putain de coup de masse dans sa tête!

(il fait le bruit) La tête, elle a volé de l'autre côté du couloir, j'ai même pas réussi à remettre la main dessus.

LÉODAGAN – Elle était dans l'escalier.

ARTHUR – Mais vous êtes complètement givré !

GRÜDÜ – On s'approche pas de la chambre du Roi !

BOHORT – Sire, le malheureux venait probablement pour changer les torchères !

GRÜDÜ – Ouais, ouais ! Il venait se la péter, là, avec sa petite flammèche… *(refaisant le bruit)* Coupé en deux !

LANCELOT – Rassurez-nous, c'est la première fois que ça vous arrive, n'est-ce pas ?

GRÜDÜ – Ah non, j'en ai déjà calmé plusieurs ! Tous ceux qui viennent chercher la merde !

BOHORT – Mais combien ?

GRÜDÜ – Je sais pas compter.

LÉODAGAN – Montrez avec vos doigts, là !

GRÜDÜ – Ah mais ça fait plus que mes doigts !

4. INT. SALLE DE LA TABLE RONDE – ENSUITE

La réunion se poursuit.

LANCELOT *(à Grüdü)* – Entre un type qui vient pour tuer le Roi et un serviteur qui nettoie les poignées de porte, il faut quand même apprendre à distinguer, Bon Dieu !

GRÜDÜ – C'est ça. Et le temps de distinguer, le Roi se retrouve avec une dague dans la nuque !

LÉODAGAN – Mais enfin, vous pouvez pas couper en deux tous ceux qui se promènent dans les couloirs !

GRÜDÜ – Cette nuit, j'en ai loupé un! Je le vois qui tourne par l'escalier, ce fumier… Je me prépare avec ma lame – je voulais lui sectionner sa gueule – et puis il faisait sombre, il s'est enfilé dans le petit vestibule et je l'ai loupé.

BOHORT – Ah, mon Dieu, c'était moi!

GRÜDÜ – C'était vous? Ah bah, ça va, alors.

BOHORT – J'étais allé chercher une poire aux cuisines!

GRÜDÜ – Sans blague, Seigneur Bohort, avec tout le respect que je vous dois, si je vous revois tourner autour de la chambre du Roi, je vous déglingue la tête.

BOHORT – Sire!

ARTHUR – Bon eh ben, on interdit l'accès à mon couloir à tous les serviteurs, à tous les Chevaliers… enfin à tout le monde, quoi.

GRÜDÜ – A la Reine, aussi.

LÉODAGAN – Quoi?

GRÜDÜ – Ah ouais. Reine ou pas Reine, à force de la voir tourner autour du Roi, un jour, je vais la cisailler, celle-là.

FERMETURE

5. INT. CHAMBRE D'ARTHUR – NUIT

ARTHUR est au lit avec GUENIÈVRE qui s'apprête à se lever.

ARTHUR – Où est-ce que vous allez?

GUENIÈVRE – Ben, j'ai besoin d'aller aux…

ARTHUR – Non, mais non. Il y a le garde du corps dans le couloir.

GUENIÈVRE – Et alors ? Vous croyez qu'il me laissera pas sortir ?

ARTHUR – Si, mais il vous laissera pas re-rentrer.

NOIR

ARTHUR *(OVER)* – Enfin, après, vous faites comme vous voulez.

30
Le Trois De Cœur

A. ASTIER

3 CORS

1. INT. SALLE DE BAINS – SOIR

ARTHUR et DEMETRA se délassent dans un bain.

ARTHUR – C'est bien, les bains, quand même.

DEMETRA – Mmh.

ARTHUR – On se fait un peu chier, mais c'est bien.

ARTHUR est saisi d'une idée.

ARTHUR – Ce serait plus marrant s'il y avait un canard ou…

DEMETRA – Un canard ?

ARTHUR – Enfin pas un canard… Comme un genre de canard, quoi…

DEMETRA – Qu'est-ce que vous voulez qu'on foute d'un canard ?

ARTHUR – Oui, je sais pas. Non, c'est vrai, j'en sais rien.

OUVERTURE

2. INT. SALLE DE BAINS – PLUS TARD

Arthur taquine sa maîtresse en lui envoyant de petits jets d'eau.

Demetra – Non, arrêtez…

Arthur – Oh, ça va! Qu'est-ce qu'il y a qui va pas?

Demetra – Rien. Je suis juste un peu…

Arthur – Un peu quoi?

Demetra – Je sais pas. Un peu triste.

Arthur – Allons bon. Pourquoi?

Demetra – Pour rien.

Arthur – C'est intelligent.

Demetra – Vous voulez pas rester avec moi, ce soir?

Arthur – J'ai dit à ma femme que je dormais avec elle, maintenant… Fallait me le dire avant, que vous étiez triste!

Demetra *(soupirant)* – De toute façon, il y en a que pour la Reine, alors…

Arthur – Ça, c'est pas vrai! Je m'excuse mais en ce moment, je dors plus avec vous qu'avec elle.

Demetra – Allez, juste pour ce soir.

Arthur – Mais si je lui dis que je dors avec vous maintenant, elle va encore faire un flan!

Demetra – Mais pourquoi? Elle a quelque chose contre moi?

Arthur – Pas du tout, elle vous adore! Mais elle aime pas être prévenue au dernier moment – déjà – et puis elle aussi, elle est triste.

DEMETRA – Pourquoi?

ARTHUR – Pour rien. Pareil que vous.

3. INT. CHAMBRE D'ARTHUR – SOIR

ARTHUR est au lit entre DEMETRA et GUENIÈVRE.

GUENIÈVRE *(à Demetra)* – Alors comme ça, vous aussi, vous êtes triste?

DEMETRA – Ben oui. Mais là, ça va.

GUENIÈVRE – Je suis désolée d'avoir insisté, mais la nuit toute seule, là, vraiment, je la sentais pas.

DEMETRA – Et là, ça va?

GUENIÈVRE – Là, ça va.

DEMETRA – Ben moi aussi.

ARTHUR – Oui bah moi, non. Je suis désolé de péter l'ambiance, mais...

DEMETRA – Qu'est-ce qu'il y a qui va pas?

GUENIÈVRE – Vous êtes trop serré?

ARTHUR – Déjà oui, un peu. Et puis, non, je sais pas...

DEMETRA – Je sais pas quoi?

ARTHUR – Ben je sais pas, je suis pas dans mon assiette.

GUENIÈVRE – Vous vous êtes jamais retrouvé avec deux femmes dans votre lit?

ARTHUR – Si, c'est pas la question!

ARTHUR réfléchit quelques secondes.

ARTHUR – Non, en plus. Je me suis jamais retrouvé avec deux femmes dans mon lit.

DEMETRA – Vous déconnez?

ARTHUR – Non, je déconne pas.

GUENIÈVRE – Mais enfin, tous les hommes du Royaume ont fait ça au moins une fois dans leur vie!

DEMETRA – Et puis deux, c'est un minimum. Soi-disant qu'on commence à se marrer à partir de six…

ARTHUR – Qu'est-ce que vous voulez que je vous dise, moi… Ça doit pas être mon truc, c'est tout.

GUENIÈVRE – Vous voulez qu'on essaye? *(à Demetra)* Enfin après, vous me dites; je veux pas vous forcer la main!

DEMETRA – Non, mais moi, ça me dérange pas…

ARTHUR – Ah non mais pas question! J'ai déjà limite la gerbe, là…

GUENIÈVRE – Essayez au moins!

DEMETRA – Si ça va pas, on arrête!

ARTHUR – Ben ça va pas. C'est même pas la peine de commencer!

4. INT. CHAMBRE D'ARTHUR – ENSUITE

DEMETRA et GUENIÈVRE tentent d'en savoir plus sur le curieux comportement d'ARTHUR.

DEMETRA – Mais qu'est-ce que c'est, le problème, exactement?

GUENIÈVRE – Essayez de nous mettre sur la voie!

ARTHUR – Mais j'ai rien à mettre sur la voie! Et puis, ne me prenez pas pour une bille, soyez gentilles! Si c'était si bien que ça, on dormirait à trois tous les soirs!

GUENIÈVRE – Ben moi, si ça peut m'éviter de me retrouver seule un jour sur deux…

DEMETRA – Ah moi, pareil !

ARTHUR – Oui, bah non ! Alors ça, vous pouvez faire une croix dessus !

GUENIÈVRE – Après, pour le reste, si vous le sentez pas à trois…

DEMETRA – Moi, je trouve bizarre mais à la limite, je peux comprendre…

GUENIÈVRE – Si c'est que ça…

DEMETRA – Oui, il y en a une de nous deux qui va prendre une tisane aux cuisines et puis voilà ! Pour cinq minutes…

ARTHUR – Cinq minutes !

DEMETRA – Enfin, cinq minutes… C'est manière de parler…

GUENIÈVRE – Ça, moi, je peux pas vous dire…

Un silence s'installe.

ARTHUR – Non, voyez, c'est pas possible.

FERMETURE

5. INT. CHAMBRE D'ARTHUR – PLUS TARD

ARTHUR est toujours entre sa femme et sa maîtresse. Sa femme l'embrasse sur la joue. DEMETRA fait la même chose. Alors que les deux femmes s'apprêtent de nouveau à embrasser ARTHUR – cette fois ensemble – ARTHUR se relève en sursaut.

Arthur – Ok, écartez-vous, je vais gerber !

NOIR

Arthur *(over, respirant à pleins poumons)* – Non, ça va. Par contre, je vais dormir dans l'écurie, hein ? C'est mieux.

31
Basidiomycètes

A. Astier

3 CORS

1. INT. SALLE DE LA TABLE RONDE – JOUR

Arthur, Lancelot et Léodagan étudient une carte.

Arthur – Ça, c'est du plan de bataille !

Lancelot – Avec ça, on peut pas perdre.

Léodagan – Juste une chose, la dernière fois contre les envahisseurs pictes, on avait un plan impeccable, aussi… On est bien revenus la queue entre les jambes, si ma mémoire est bonne…

Lancelot – C'est le Seigneur Karadoc.

Arthur – En essayant de rattraper son cheval, il a débaroulé dans le camp ennemi.

Léodagan – Ah oui, ça y est. Ça m'était sorti de la tête, cette histoire.

OUVERTURE

2. EXT. FORÊT – JOUR

Arthur, Léodagan et Bohort s'apprêtent à vérifier leurs cartes dans la tente de commandement.

LÉODAGAN – On a bien bouffé. Non?

ARTHUR – Un peu lourdingue.

LÉODAGAN – Ah, quand même… L'omelette aux champignons était pas dégueu.

BOHORT – C'est le charme des ces repas forestiers… On sent que le cuisinier improvise avec ce qu'il trouve autour du campement.

LÉODAGAN – Les champignons, d'accord, mais les œufs… Les poules, ça court pas les forêts, quand même!

ARTHUR – Vous avez beau dire, moi, j'ai un poids sur le bide.

PERCEVAL et KARADOC arrivent, souriants.

ARTHUR – Qu'est-ce que vous avez à sourire comme des glands?

PERCEVAL – Ben, les gars sont contents du repas.

KARADOC – Et comme c'est nous qui avons trouvé les champignons…

LÉODAGAN – Ah, c'est vous?

PERCEVAL – On est tombés sur un coin.

KARADOC – Il y avait qu'à se baisser.

BOHORT – Et c'était quoi comme champignons, au fait?

PERCEVAL – Je sais pas, j'y connais rien, en champignons.

3. EXT. FORÊT – ENSUITE

Les hommes commencent à ressentir une forte douleur au bas-ventre.

LANCELOT – Sire, on annonce des mouvements de troupe au sud-est! Il faut absolument réagir!

ARTHUR – Réagir, réagir…

BOHORT – Moi, il faut que j'enlève mon armure sinon il va se passer quelque chose d'atroce.

Il s'en va.

LÉODAGAN *(désignant Perceval et Karadoc)* – Comment ça se fait qu'ils sont pas malades, les deux cons?

KARADOC – Ben, on n'a pas mangé de champignons, on n'aime pas ça…

PERCEVAL – Non, moi j'aime ça mais je les digère pas.

ARTHUR – Ah non mais des tanches pareilles, on devrait les mettre sous verre!

LÉODAGAN – Sire! Les troupes ennemies?

ARTHUR – « Les troupes ennemies… » Vous voyez bien qu'on n'est pas en état!

LÉODAGAN *(à Perceval et Karadoc)* – Ils ressemblaient à quoi, ces champignons?

KARADOC – Ah, ils étaient beaux…

PERCEVAL – Ah oui! Vous auriez vu ces couleurs… Rouge vif, tout tachetés…

KARADOC – Non, vraiment, ils étaient beaux.

ARTHUR – Vous aussi, vous êtes beaux… Vous êtes magnifiques!

LÉODAGAN – Mais tachetés comment? Avec des points blancs?

PERCEVAL – Mais qu'est-ce que ça change puisque vous les avez pas aimés?

LÉODAGAN – C'est pour savoir si en plus de la chiasse on s'apprête à crever dans la demi-heure!

KARADOC – Déjà, ils étaient pas tous pareils : il y en avait des blanc-crème.

LÉODAGAN *(aux autres)* – Bon, laissez tomber, on est foutus !

BOHORT revient, défiguré par la douleur.

BOHORT – J'ai pas eu le temps d'enlever mon armure.

ARTHUR – Ah non, passez-nous les détails, s'il vous plaît !

LANCELOT – Sire ! Si les troupes ennemies arrivent jusqu'ici…

ARTHUR – Ah, « les troupes ennemies… » Comment vous faites pour penser aux troupes ?

LANCELOT – Il faut bien que quelqu'un y pense !

ARTHUR – Faites sonner la retraite !

LÉODAGAN – Quoi ?

LANCELOT – Mais Sire, on est supérieur en nombre ! Le plan d'attaque est réglé, ils n'ont aucune chance !

ARTHUR – Seigneur Lancelot ! Nous sommes peut-être supérieurs en nombre mais les trois quarts de nos hommes sont disséminés dans les buissons des environs ! Alors, sonnez la retraite, on rentre à Kaamelott !

4. INT. CHAMBRE D'ARTHUR – SOIR

ARTHUR est alité aux côtés de sa femme, un linge humide sur la tête.

GUENIÈVRE – Ça va mieux ?

ARTHUR – Non.

GUENIÈVRE – Vous savez, c'est pas obligatoirement les champignons ! Vous avez peut-être pris froid au ventre !

ARTHUR – C'est ça, toute mon armée. Cent trente-cinq têtes qui prennent froid au ventre en même temps, c'est quand même pas de bol.

GUENIÈVRE – Rien ne prouve que vous l'auriez gagnée, cette bataille !

ARTHUR – Cent trente-cinq hommes contre soixante. Du tout cuit.

GUENIÈVRE – Ça, c'est la guerre, ça. Des fois, vous gagnez, des fois, vous perdez.

ARTHUR – Nous, on perd, surtout. Mais c'est pas à chaque fois à cause des champignons, je vous l'accorde.

GUENIÈVRE – Et puis mettez-vous à la place de messires Perceval et Karadoc, ils ont voulu vous faire plaisir. Ça part d'un beau geste !

ARTHUR – Mais ça part toujours d'un beau geste ! Tenez, l'autre fois, ils font un feu – soi-disant que ça réchauf-ferait tout le monde – bon, ils ont foutu le feu au stock de flèches. Alors, ils sont bien gentils mais il faudrait qu'ils arrêtent, avec les beaux gestes.

FERMETURE

5. INT. CHAMBRE DE LÉODAGAN – SOIR

LÉODAGAN et SÉLI sont au lit.

LÉODAGAN – Un plan d'attaque minuté au poil de fion, le double d'effectif de ceux d'en face : manque de bol, messires Perceval et Karadoc s'en mêlent et on rentre chez nous comme des clodos. Avec la chiasse, en prime. Mais qu'est-ce qu'ils sont cons…

SÉLI – Peut-être pas…

LÉODAGAN – Ah bah, je sais pas ce qu'il vous faut !

Séli – Peut-être qu'ils bossent pour ceux d'en face !

Léodagan est pris d'un doute.

NOIR

Léodagan *(over)* – Non, je crois qu'ils sont juste cons.

32
L'Imposteur

A. Astier

1. INT. SALLE DU TRÔNE – JOUR

Arthur, Lancelot et Merlin, installés en salle du Trône, attendent patiemment la prochaine visite.

Arthur *(montrant son cou à Merlin)* – Dites, j'ai mon gorgerin qui m'irrite le cou, là. Vous pouvez faire quelque chose ?

Merlin – Non mais faut pas le toucher, ça. Laissez-le à l'air, ça va passer.

Arthur – Je croyais que les Druides, ça soignait…

Merlin – Oui, on soigne, mais pas les irritations.

Arthur – Parce que ?

Merlin – C'est délicat ! Imaginez que ça s'envenime…

OUVERTURE

2. EXT. FORÊT – JOUR

Merlin arrive près d'Arthur et Perceval. Ce dernier se tient à côté de son cheval.

ARTHUR *(à Merlin)* – Ah bah quand même! C'est pas dommage!

MERLIN – J'étais à l'autre bout du camp. C'est pour?

ARTHUR – Le cheval du Seigneur Perceval.

PERCEVAL – Elle boite. Il faut me la rafistoler parce qu'il faut que je tape quinze lieues jusqu'à la frontière.

MERLIN – Attendez, il suffit pas de claquer dans les doigts!

ARTHUR – Quoi, vous êtes pas Druide?

MERLIN – Bah si!

ARTHUR – Eh ben, les animaux, c'est bien votre rayon, non?

MERLIN – Si, mais les Druides, ils ont des spécialités en animaux.

ARTHUR – C'est quoi votre spécialité, à vous?

MERLIN – Non moi, je suis plutôt polyvalent.

ARTHUR – Eh ben alors?

MERLIN – Non, mais je suis pas polyvalent pour les chevaux.

PERCEVAL – Vous pouvez rien faire?

MERLIN – Bah non.

ARTHUR – Bon bah, tirez-vous.

MERLIN s'éloigne, vexé.

ARTHUR *(à Perceval)* – Au bout d'un moment, il est vraiment Druide, ce mec-là ou ça fait quinze ans qu'il me prend pour un con?

3. INT. LABORATOIRE DE MERLIN – JOUR

Dans le plus grand secret, ARTHUR a fait venir ÉLIAS dans le laboratoire de MERLIN.

ÉLIAS *(fort)* – Qu'est-ce que vous voulez que je vous dise, moi ?

ARTHUR *(bas)* – Chut ! Bon sang, fermez-là ! Je veux pas qu'on sache que je vous ai amené ici ! Bon, ça, c'est le laboratoire de Merlin.

ÉLIAS – Eh ben ?

ARTHUR – En tant que Druide reconnu, je voudrais que vous observiez un peu cette pièce et que vous me disiez ce que vous en pensez.

ÉLIAS – Point de vue quoi ? Agencement ?

ARTHUR – Mais non ! Je vous demande de regarder un peu tout, là, et vous me dites si ça vous semble crédible.

ÉLIAS – Crédible par rapport à quoi ?

ARTHUR *(s'énervant)* – Ah, bon Dieu mais vous êtes con ou quoi ? Vous prenez des trucs, là, voilà ! *(il prend un grimoire)* Voilà, vous regardez si c'est normal de trouver ça dans un laboratoire de Druide. Par exemple, ça, c'est écrit en jargon magique, je sais pas ce que c'est.

ÉLIAS *(lisant)* – *Le Grand Livre du Druide.*

ARTHUR – Bon bah, ça effectivement…

ÉLIAS – Jusque-là, il y a pas de quoi s'alarmer.

ARTHUR – D'accord, mais c'est un bon bouquin ? Je veux dire, c'est sérieux ?

ÉLIAS – Ah, c'est un classique, hein… C'est pas ce qu'il y a de plus exhaustif, mais ça reste une base.

ARTHUR – Bon ben je sais pas… Et les autres bouquins, c'est valable?

ÉLIAS – Vous savez, le druidisme, c'est plutôt une culture orale.

ARTHUR – Justement! Ça vous semble pas bizarre? Si c'est oral, comment ça se fait qu'il a des bouquins?

ÉLIAS – Ah, mais on en a tous! Maintenant qu'il y a des recueils, on va pas se faire chier à tout apprendre par cœur!

ARTHUR *(perdant patience)* – Bon bah autre chose! Regardez les produits, les plantes, les machins…! Comparez avec votre laboratoire à vous et regardez s'il y a quelque chose qui cloche!

ÉLIAS – Bah moi, déjà, je me serais jamais mis dans une pièce sans fenêtre! Enfermé une journée là-dedans, c'est un coup à choper la cerise!

ARTHUR abandonne.

4. INT. SALLE DU TRÔNE – JOUR

ARTHUR et LANCELOT ont convoqué MERLIN en salle d'audience.

LANCELOT *(à Merlin)* – Faites-nous un sort.

MERLIN – Pour quoi faire?

ARTHUR – Pour qu'on vérifie si vous savez les faire.

MERLIN – Dites tout de suite que vous avez pas confiance!

LANCELOT – Non, c'est pas ça, seulement…

ARTHUR *(le coupant)* – Si. Si, c'est ça. Je suis désolé, si. *(à Merlin)* Moi, je vous le dis, je vous soupçonne d'être un gros nul. Alors faites-nous un beau sort, que je voie si vous êtes un vrai Druide.

MERLIN – Un sort, un sort, vous me faites rire ! Qu'est-ce que vous voulez comme sort ?

ARTHUR – J'en ai rien à foutre ! Un sort.

LANCELOT – Quelque chose qui prouve votre puissance.

MERLIN claque dans ses doigts en direction du Trône.

MERLIN – Ça y est.

ARTHUR – Ça y est quoi ?

MERLIN – Prenez une pièce dans votre bourse.

ARTHUR s'exécute, intrigué. Il regarde la pièce sans comprendre.

ARTHUR – Eh ben ?

MERLIN – Eh ben, toutes les pièces ont deux côtés face.

ARTHUR *(constatant)* – Ah ouais.

ARTHUR regarde LANCELOT.

LANCELOT – C'est un sort.

ARTHUR *(à Merlin)* – Pour la prochaine bataille contre les Burgondes, vous le connaissez celui où on fait un nœud sur une corde, on souffle et il y a plus de nœud ?

MERLIN se vexe.

FERMETURE

5. INT. SALLE DU TRÔNE – PLUS TARD

ÉLIAS est venu se présenter à ARTHUR et LANCELOT.

ÉLIAS – Moi, s'il y a un poste d'Enchanteur vacant, je suis preneur.

LANCELOT – Non, mais on a gardé Merlin, finalement.

ÉLIAS – Bah, je croyais que vous aviez peur d'embarquer léger pour les batailles…

LANCELOT – En fait, hier soir au banquet, il me fait signer une carte, il la plie, il la met sous une pierre et tac, la carte se retrouve dans la poche du Seigneur Karadoc à l'autre bout de la table, avec ma signature…

LANCELOT tombe sur le regard noir d'ARTHUR.

NOIR

LANCELOT *(OVER)* – Non, mais quand on est sur place, c'est vraiment impressionnant.

33
Compagnons De Chambrée

A. Astier

1. INT. SALLE À MANGER – JOUR

Guenièvre et Séli déjeunent.

Séli – Vous avez fait vos valises pour demain ?

Guenièvre *(agacée)* – Oui, mère. Ça fait trois fois que vous me le demandez.

Séli – Vous avez fait préparer votre chambre pour l'Évêque Boniface ?

Guenièvre – Oui… Ça m'agace un peu de devoir donner ma chambre à un Évêque.

Séli – Vous vous en foutez, vous êtes pas là !

Guenièvre – Et si Arthur revient plus tôt que prévu ? Il va pas dormir avec l'Évêque, quand même !

Séli – Vous vous en foutez, vous êtes pas là !

OUVERTURE

2. INT. CHAMBRE D'ARTHUR – NUIT

*Tard dans la nuit, ARTHUR entre dans sa
chambre sans faire de bruit. Il s'assied sur le lit.
À ses côtés, la silhouette de ce qu'il croit être sa
femme endormie lui fait dos.*

ARTHUR *(bâillant)* – J'ai pris la route juste après le banquet. Je me suis pas senti de passer la nuit là-bas, j'en
avais marre.

*L'Évêque BONIFACE, réveillé par ces mots, se
redresse lentement dans le lit, inquiété par cette
visite inattendue.*

ARTHUR *(toujours de dos)* – Vous êtes là, finalement?
Je croyais que vous passiez trois jours en Carmélide?

BONIFACE – Plaît-il?

*ARTHUR, surpris, se retourne soudainement et
sursaute à la vue de l'ecclésiastique en tenue
de nuit.*

ARTHUR – Ah! Mais qui êtes-vous? Qu'est-ce que vous
foutez là?

BONIFACE *(indigné)* – Je vous rétorque la même chose,
mon petit bonhomme! C'est à quel sujet?

ARTHUR – À quel sujet? Au sujet que vous êtes couché
dans mon page! Alors je sais pas qui vous êtes mais
vous allez décaniller vite fait ou j'appelle la garde!

BONIFACE – Ne vous donnez pas cette peine, j'allais le
faire, justement!

ARTHUR – Non, mais c'est pas croyable d'entendre ça!
Qui êtes-vous?

BONIFACE – Monseigneur Boniface, voyou ! Évêque de Germanie !

ARTHUR *(se souvenant)* – Ah… c'est vous, l'Évêque ? Ben, je suis Arthur, Roi des Bretons.

BONIFACE *(ravi)* – Ah ! Enchanté, Sire ! Dieu vous bénisse.

3. INT. CHAMBRE D'ARTHUR – ENSUITE

> *BONIFACE est toujours dans le lit alors qu'ARTHUR reste assis.*

ARTHUR – Je reconnais que c'est pas très futé de vous avoir donné ma chambre…

BONIFACE – C'est vrai que c'est une idée originale…

ARTHUR – C'est une idée de ma femme, surtout. Elle en a dix par jour, des comme ça.

BONIFACE – Mais quand vous dites que c'est votre chambre, c'est votre chambre fixe ou c'est une chambre… une chambre comme ça, quoi…

ARTHUR – Je sais pas quoi vous dire, moi. C'est ma chambre.

BONIFACE – Ah oui. Dans votre tête, c'est plutôt quelque chose d'admis… Je veux dire, c'est carré, quoi. C'est votre chambre.

ARTHUR – Bah, c'est-à-dire que comme je suis Roi, j'ai une chambre attitrée. Je tape pas aux portes tous les soirs pour voir si quelqu'un veut pas me débarrasser un coin.

BONIFACE – Parce que moi, je m'étais dit que ça me rappelait un peu le fonctionnement de ce qu'on appelle couramment une « chambre d'amis », voyez ?

ARTHUR – Eh oui, mais non. Il y en a, des chambres d'amis, mais il y a des amis dedans, là.

BONIFACE – En même temps, je me disais, c'est plutôt inattendu de me trouver dans une chambre d'amis. Comme ma présence ici tient plutôt de la visite protocolaire, dans ma tête, je voyais une chambre plus… Remarquez que celle-là est cossue!

ARTHUR – Oui, parce que c'est pas une chambre d'amis, celle-là. On a des chambres un peu classes aussi pour le protocole – je crois – mais là, c'est tout plein.

BONIFACE – Ah oui. Du coup, c'est vrai que celle-là est peu chic.

Un silence s'installe.

BONIFACE – Et pour les repas, ça se passe comment?

ARTHUR – Très bien. Dites, vous… Je veux dire, qu'est ce qu'on fait…? Parce que je vous avoue que j'ai huit heures de cheval dans les pattes…

4. INT. CHAMBRE D'ARTHUR – ENSUITE

ARTHUR et BONIFACE sont couchés l'un à côté de l'autre.

BONIFACE – Je voulais vous demander – et c'est un peu le motif de ma visite – à votre avis, que pense le peuple breton de l'idée d'un Dieu unique? C'est quelque chose qui les inquiète, ça?

ARTHUR – Un Dieu unique, je sais pas, mais moi qui couche avec un Évêque, ça pourrait les inquiéter, oui.

BONIFACE – Parce que la chrétienté, tout ça, bon, c'est assez jeune, il faut que l'idée fasse son chemin. Et je pensais que dans un premier temps, on pourrait très bien faire cohabiter le Dieu unique avec les anciens Dieux de chez vous. Comme avec les Romains, par exemple.

ARTHUR – Oui. Mais à la limite, ce qu'on peut faire, c'est parler de tout ça demain, à tête reposée ! Non ?

BONIFACE – Mais bon, je prends un exemple au hasard. Est-ce que l'homosexualité est une chose répandue, chez vous ?

ARTHUR *(pris de court)* – Heu… je sais pas… Pas plus qu'ailleurs, je suppose.

BONIFACE – Et oui. Parce que nous, en ce moment, on se tâte pour savoir si on autorise la pratique ou si on l'interdit.

ARTHUR – L'interdire ? Pour quoi faire ?

BONIFACE *(investi)* – Ah bah, c'est bien ce que je leur dis ! Moi, je fais partie de ceux qui se battent pour que ce soit autorisé ! Et même encouragé !

ARTHUR regarde BONIFACE avec méfiance.

FERMETURE

5. INT. CHAMBRE D'ARTHUR – PLUS TARD

BONIFACE est seul dans le lit. Il s'adresse à ARTHUR qui est allé se coucher par terre.

BONIFACE – Non, mais ça me gêne de vous voir dormir par terre ! C'est votre chambre, quand même !

ARTHUR *(OFF)* – Impeccable ! Vous inquiétez pas, je vais dormir comme un loir !

BONIFACE – Si quelqu'un entre, qu'est-ce qu'on pensera ?

ARTHUR *(OFF)* – Ben si quelqu'un rentre, j'aime autant être par terre, du coup.

BONIFACE – Bon. Du coup, qu'est-ce que je fais ? J'éteins ?

NOIR

ARTHUR *(OVER)* – Heu, non. Laissez allumé. Je préfère.

34
La Grotte De Padraig

A. ASTIER

3 CORS

1. INT. SALLE À MANGER – JOUR

ARTHUR est seul, il mange. Soudain, une voix éthérée se fait entendre.

LA DAME DU LAC *(OVER)* – Arthur…

ARTHUR arrête de mâcher et cherche dans la pièce la source de ce son. Soudain, devant lui, LA DAME DU LAC apparaît. ARTHUR sursaute.

LA DAME DU LAC – Arthur…

ARTHUR – Ah, Bon Dieu, la trouille!

LA DAME DU LAC – Il faut que je vous parle.

ARTHUR – Oui, non mais d'accord, mais… Prévenez!

OUVERTURE

2. INT. SALLE À MANGER – PLUS TARD

ARTHUR et LA DAME DU LAC sont en pleine séance de briefing.

ARTHUR – Donc, après la fourche, je continue soixante lieues vers le nord.

LA DAME DU LAC – Soixante, soixante-cinq.

ARTHUR – Mettons. Et après ?

LA DAME DU LAC – Normalement, vous arrivez à une grande clairière.

ARTHUR – À quoi je la reconnaîtrai ?

LA DAME DU LAC – Ben… elle est grande.

ARTHUR *(levant les yeux au ciel)* – Bon.

LA DAME DU LAC – Et au milieu de la clairière, il y a un rocher triangulaire qui marque l'entrée de la Grotte de Padraig.

ARTHUR – La Grotte de Padraig. Donc, je rentre…

LA DAME DU LAC – Vous rentrez et vous parcourez les souterrains à la recherche de l'Ogre À Deux Têtes.

ARTHUR – Et quand je trouve l'Ogre À Deux Têtes, je le zigouille. Vous avez un petit quelque chose pour moi ? Une protection magique, une potion…

> *LA DAME DU LAC donne à ARTHUR un petit paquet enveloppé dans un linge.*

LA DAME DU LAC – Non, j'ai ça.

ARTHUR – Qu'est-ce que c'est ?

LA DAME DU LAC – C'est un genre de cake.

ARTHUR – Mais… Un cake magique ou…

LA DAME DU LAC – Non, non c'est un cake. C'est pour la route.

ARTHUR *(décontenancé)* – C'est gentil.

3. INT. CAVERNE – JOUR

ARTHUR, LÉODAGAN et BOHORT, torche en main, progressent prudemment dans l'étroit tunnel de la Grotte de Padraig.

BOHORT – On n'y voit pas à deux pas devant soi ! Quelle épouvante !

LÉODAGAN – Ah, c'est une grotte, quoi… C'est sûr que c'est pas ce qu'il y a de plus éclairé.

ARTHUR – Qu'est-ce qu'il est long, ce tunnel, mais c'est affreux ! Combien de temps ça fait qu'on avance dans le noir, comme ça ?

BOHORT – Des heures ! Les torches vont bientôt s'éteindre et on ne pourra même plus rebrousser chemin !

LÉODAGAN – On pourra toujours mais… dans le noir.

BOHORT – Et pourquoi pas à cloche-pied ? Je vous rappelle qu'à part nous, il y a quand même l'Ogre À Deux Têtes qui se promène dans cette grotte !

ARTHUR – Celui-là, j'aimerais quand même bien qu'on finisse par tomber dessus !

BOHORT – Eh bien moi, je vous annonce tout net que je ne suis pas pressé. Ce serait que de moi…

LÉODAGAN – Ce serait que de vous, vous seriez déjà parti en courant comme une femme. Ça va, on commence à vous connaître.

BOHORT – Et figurez-vous que je n'ai pas honte ! Je ne vois pas ce qu'il y a de si curieux à vouloir rester en vie ! Encore, d'habitude, il y a un trésor à la clef… ou un objet magique ou une relique… Là, en plus, on fonce droit sur le péril pour rien !

LÉODAGAN – Comment ça « pour rien » ?

BOHORT *(à Arthur)* – C'est vrai ou c'est pas vrai ?

ARTHUR – Ben… ouais, curieusement, cette fois, la Dame du Lac a pas parlé de récompense.

LÉODAGAN – Non mais vous rigolez, j'espère !

ARTHUR – Enfin, elle a pas parlé de récompense matérielle. Mais bon, il y a la gloire…

LÉODAGAN – Ah non mais, la gloire, moi ça va, j'ai ce qu'il faut !

BOHORT – La gloire… De glorieuses funérailles, oui… Encore faudrait-il qu'on vienne retrouver nos carcasses jusqu'ici. À la condition, bien sûr, de ne pas finir dans l'estomac de l'autre aberration à deux têtes !

ARTHUR – Je sais pas quoi vous dire, moi. Elle a peut être oublié de m'en parler…

LÉODAGAN – Ce serait bien la première fois. D'habitude, au contraire, pour vous stimuler, elle parle d'abord du pognon !

ARTHUR – J'ai pas besoin de pognon pour être stimulé, figurez-vous ! Du pognon, j'en ai ! C'est justement la gloire qui commence à faire défaut. Seulement, la gloire, tout le monde s'en tape !

LÉODAGAN – C'est pas qu'on s'en tape ! M'enfin quand il y a deux trois piécettes derrière… C'est le petit plus, quoi…

4. INT. CAVERNE – ENSUITE

Les hommes se sont arrêtés pour débattre du bien-fondé de leur mission.

ARTHUR – Écoutez, moi, je veux pas vous forcer la main. Si vous voulez pas y aller, qu'est-ce que vous voulez que je vous dise, moi ?

LÉODAGAN – « On veut pas… » Jusqu'à preuve du contraire, c'est pas à nous de décider ! C'est quand même vous le Roi, que je sache.

ARTHUR – Je suis peut-être le Roi, mais j'ai pas envie que ça se passe comme ça. Si on est ensemble, soudés, qu'on dézingue l'Ogre À Deux Têtes pour la gloire du truc, OK. Mais si je suis tout seul devant et que les deux autres traînent la grolle sous prétexte qu'il y a pas de récompense, moi, ça me gonfle. Honnêtement, je préfère rentrer.

LÉODAGAN – Ah moi, je veux pas avoir la responsabilité de ça, c'est vous le boss au bout d'un moment.

ARTHUR – Ouais mais là, le boss, il en a plein sa musette. Alors décidez ce qu'on fait, moi je suis. J'expliquerai à la Dame du Lac qu'on n'a pas trouvé la grotte et c'est marre.

LÉODAGAN – Ah non, moi, je décide rien du tout.

ARTHUR – Bon bah, Bohort, décidez, vous.

Au loin dans le tunnel, l'Ogre À Deux Têtes grogne. ARTHUR et LÉODAGAN tournent la tête vers le fond de la grotte. BOHORT fait mine d'hésiter, dodeline quelques secondes de la tête et conclut.

BOHORT – Non, je pense qu'il vaut mieux qu'on rentre.

FERMETURE

5. INT. SALLE À MANGER – JOUR

Séance de débriefing entre ARTHUR et LA DAME DU LAC.

ARTHUR – Déjà, il y avait plusieurs clairières… Et puis le rocher triangulaire, j'aime autant vous dire : il y avait que ça, des rochers triangulaires.

LA DAME DU LAC – C'est dommage, quand même.

ARTHUR – Ah, je suis bien d'accord.

LA DAME DU LAC – Du coup, vous avez pas ramené l'émeraude géante.

ARTHUR – L'émeraude géante ?

LA DAME DU LAC – Eh oui. L'Ogre À Deux Têtes, il a avalé une émeraude géante. C'est pour ça, il faut le trouver et l'ouvrir en deux.

ARTHUR *(contenant sa colère)* – J'avais pas compris ça comme ça, moi.

NOIR

ARTHUR *(OVER)* – Non mais je vais remonter une petite équipe, maintenant qu'on connaît le chemin…

35
Ambidextrie

A. ASTIER

3 CORS

1. EXT. CAMPAGNE – JOUR

*Dans leur campement, ARTHUR et LANCELOT
étudient une carte. Les deux hommes sont
inquiets.*

LANCELOT – Moi, j'essaie de trouver une solution !

ARTHUR – Vous appelez ça une solution, vous ?

LANCELOT – Je suis désolé ; je peux pas en même
temps commander à gauche et à droite ! Il faut que je
délègue les lanciers à Perceval.

ARTHUR – Non mais je vais le faire moi, qu'est ce que
vous voulez…

LANCELOT – Mais enfin, vous allez pas tout faire ! C'est
un de vos hommes, quand même ! *(à la cantonade)*
Seigneur Perceval ! Venez, on a besoin de vous !

Au loin, PERCEVAL répond.

PERCEVAL *(OFF)* – Je peux pas, je surveille le stock de
pain !

OUVERTURE

2. EXT. CAMPAGNE – PLUS TARD

Arthur et Lancelot se sont lancés dans l'explication de leur tactique. Perceval se concentre dangereusement.

Lancelot – Le Seigneur Calogrenant est parti il y a deux jours pour placer son armée en amont de la rivière.

Perceval – Ah, c'est pour ça qu'il est plus là…

Lancelot – Ben oui, on l'a envoyé se positionner en avance !

Perceval – Ah bon. Moi, je croyais qu'il était rentré chez lui, alors je me disais « il se fait pas chier, quand même… »

Arthur et Lancelot restent une seconde silencieux.

Arthur – Bref. Quand on va arriver dans la plaine, Calogrenant pourra tenter une charge surprise par la droite.

Perceval *(cherchant avec ses mains)* – Plutôt dans le sens du courant de la rivière, alors ?

Arthur – Heu… oui, c'est possible…

Lancelot – Et en dernier recours, Léodagan se tient prêt avec cent cinquante cavaliers qui arriveraient par la gauche.

Perceval – Par la gauche…

Lancelot – Par la gauche, oui.

Perceval – Mais par rapport au courant de la rivière ?

Lancelot – Mais… mais j'en sais rien, moi…

ARTHUR – Qu'est-ce que vous venez nous emmerdez, avec votre rivière ?

PERCEVAL – Non mais bon, la gauche, la droite, c'est bien gentil, mais il me faut du concret, moi.

3. EXT. CAMPAGNE – ENSUITE

La conversation s'enlise.

ARTHUR – C'est pas compliqué, Bon Dieu ! Il y a Calogrenant à droite, Léodagan à gauche et nous, on arrive par le milieu !

LANCELOT *(à Perceval)* – C'est bon, jusque-là ?

PERCEVAL – Attendez. Moi, si je me souviens bien du coin, il y a la rivière qui passe en travers…

ARTHUR *(bondissant)* – Mais merde avec votre rivière !

PERCEVAL – C'est un point de repère comme un autre !

LANCELOT – Il y a pas besoin de point de repère puisque les envahisseurs vont nous attaquer de face !

PERCEVAL – Mais il y a des envahisseurs, aussi ?

LANCELOT *(halluciné)* – Quoi ?

PERCEVAL – Quoi « quoi ? » Ca fait une heure que vous me parlez de Calogrenant et Léodagan mais vous m'avez pas dit qu'il y avait des envahisseurs !

ARTHUR – Mais vingt Dieux de crétin, on va pas se faire attaquer par Calogrenant ou Léodagan, ils sont avec nous !

PERCEVAL – Mais vous me dites « ils attaquent par la gauche ! »

LANCELOT – Mais ils nous attaquent pas nous ! Ils nous défendent contre les autres !

PERCEVAL – Bon bah d'accord !

LANCELOT – Les envahisseurs attaquent de face…

PERCEVAL – Non mais ça, de face, c'est bon. C'est le reste qui va pas.

ARTHUR – Mais quoi, nom d'un chien ?

PERCEVAL – Ben à gauche et à droite, là… Moi j'aime pas ces trucs…

LANCELOT *(découragé)* – Mais qu'est-ce que vous aimez pas ?

PERCEVAL – Ces conneries de gauche et de droite… Ça veut rien dire, ces machins. Selon comme on est tourné, ça change tout.

ARTHUR – Mais qu'est-ce que vous nous racontez ?

PERCEVAL – Moi, j'estime que quand on parle tactique militaire, il faut employer des termes précis !

ARTHUR et LANCELOT, surpris d'une telle lucidité de la part de PERCEVAL, confessent l'imprécision de leurs directives.

LANCELOT – Ben… Oui, effectivement, ça peut prêter à confusion.

ARTHUR – Nous, c'est pour vous qu'on dit « gauche » et « droite », pour pas vous embrouiller.

PERCEVAL – Si, ça m'embrouille.

LANCELOT – Ah bon bah, alors on parle normalement ?

PERCEVAL – Professionnel !

ARTHUR – Donc, on reprend : Calogrenant est posté depuis hier au nord-ouest de la zone d'attaque.

LANCELOT – Et Léodagan, sud-sud-est, un peu plus en retrait avec les cavaliers.

PERCEVAL – J'aime pas bien ces histoires de sud-est, de nord-ouest et tous ces machins.

ARTHUR – Ben quoi, qu'est-ce qu'il y a qui va pas ?

PERCEVAL – Non mais c'est un coup à se planter, ça. De toute façon, on dit « le nord », selon comme on est tourné, ça change tout.

ARTHUR et LANCELOT se lancent un regard découragé.

4. EXT. CAMPAGNE – ENSUITE

ARTHUR et LANCELOT sont abasourdis de fatigue ; ils ont cédé. PERCEVAL, lui, est en pleine forme.

PERCEVAL – Calogrenant, c'est bon. Léodagan, maintenant. Il est où ?

LANCELOT *(épuisé)* – Du côté de la forêt, un peu après la clairière où il y a une grosse pierre qui ressemble à une miche de pain.

PERCEVAL – Voilà ! Là, c'est pro ! Là, je comprends ! Et quand Calogrenant va arriver, il va couper par où ?

ARTHUR – Du côté de la rivière à gauche du…

PERCEVAL *(le coupant)* – Ah, ah… attention…

ARTHUR – Pardon. Du côté de la rivière où il y a les brebis qui passent.

PERCEVAL – D'accord ! Allez, c'est bon ! Je les attends, les envahisseurs ! Ils vont se prendre mon épée dans les côtelettes, ça va les calmer pour un moment !

Il dégaine son épée.

PERCEVAL – Ah, j'ai hâte d'y être ! Ils vont se frotter à la fausse patte du pays de Galles !

LANCELOT – Les fausses pattes, c'est des gauchers.

PERCEVAL – Eh ben, ouais !

ARTHUR – Vous êtes pas gaucher.

PERCEVAL – Ben si.

LANCELOT – Vous dégainez de la main droite.

PERCEVAL regarde sa main droite avec perplexité.

PERCEVAL – Merde… Comment on dit l'inverse d'une fausse patte ?

ARTHUR – Je sais pas. On dit rien.

LANCELOT *(sans y croire)* – La vraie patte ?

PERCEVAL *(souriant)* – Attendez, la vraie patte du pays de Galles, ça veut rien dire… Vous voulez que je passe pour un con ?

FERMETURE

5. EXT. CAMPAGNE – PLUS TARD

HERVÉ DE RINEL hèle PERCEVAL.

HERVÉ DE RINEL – Seigneur Perceval !

Il arrive à sa hauteur.

HERVÉ DE RINEL – C'est le Chef de rang qui m'envoie. Ils ont discuté de la signalétique.

PERCEVAL – Et alors ?

HERVÉ DE RINEL *(mimant)* – Donc ce sera : bras gauche en l'air pour une salve de flèches et bras droit en l'air pour envoyer les lanciers.

PERCEVAL tente de rester digne. Il acquiesce de la tête et commence à s'éloigner. Puis, il se retourne doucement vers HERVÉ DE RINEL.

PERCEVAL – Toi, un jour, je te crame ta famille, toi.

NOIR

PERCEVAL *(over)* – Pauvre con, va…

36
Raison D'Argent

A. ASTIER

3 CORS

1. INT. CHAMBRE DE LÉODAGAN – SOIR

LÉODAGAN et SÉLI sont au lit. Les deux lisent.

SÉLI *(posant son parchemin)* – Bon allez, j'éteins.

LÉODAGAN – Bah, une seconde, non? Vous voyez bien que j'ai pas fini de lire!

SÉLI – Il y a plus un rond au château. On économise les torches. C'est la consigne!

LÉODAGAN – Mais la consigne pour les larbins! Pas pour nous!

SÉLI – Alors on fout les larbins dans le noir pour éponger le déficit?

LÉODAGAN – Avec le boulot de con qu'ils ont, ils s'endorment comme des masses; ils ont pas besoin de lumière! Et puis de toute façon, ils savent pas lire.

OUVERTURE

2. INT. SALLE DE LA TABLE RONDE – JOUR

ARTHUR, LÉODAGAN et BOHORT sont en réunion.

ARTHUR – Vous êtes sûrs que vous poussez pas un peu ?

BOHORT – Sire, croyez-nous : ça devient catastrophique !

LÉODAGAN – Séchés ! Désossés ! Plus un radis ! Les caisses sont vides et c'est pas une image ! On voit le fond !

ARTHUR – Mais enfin qu'est-ce qui s'est passé ? Je croyais qu'on faisait gaffe…

LÉODAGAN – Qu'on faisait gaffe ? Non mais vous avez une idée du pognon qui fout le camp dans les banquets, les bals, la décoration, le mobilier…

BOHORT – Je rêve… Sire, je peux vous affirmer que les dépenses engendrées par les réceptions officielles sont loin d'égaler le budget colossal englouti par la défense du territoire !

LÉODAGAN – Ah bah ça y est ! Celle-là, je l'attendais ! Sous prétexte que j'ai fait acheter trois catapultes le mois dernier…

ARTHUR – Trois catapultes ! Mais vous êtes marteau !

LÉODAGAN – Il faut ce qu'il faut…

BOHORT – Je vous signale au passage que c'est à cause de ça qu'on avait plus que des asperges à servir aux Princes Vandales.

LÉODAGAN – Il y a pas de honte à servir des asperges.

BOHORT – Non mais que des asperges, ça fait un peu rapiat, excusez-moi !

ARTHUR – Le truc c'est qu'après, s'ils vont raconter partout que le Roi Arthur sert que des asperges et qu'il a plus un rond, tous les envahisseurs de la planète vont radiner pour nous assiéger !

LÉODAGAN – Bah je les attends, les mecs… Avec les trois catapultes qu'il y a dans la cour, ils ont pas intérêt de venir avec des lance-pierres !

3. INT. SALLE DE LA TABLE RONDE – PLUS TARD

VENEC est venu.

VENEC – Ça arrive, d'être raide. Le pognon, ça va ça vient, il faut jamais paniquer.

ARTHUR *(à Léodagan, parlant de Venec)* – Qu'est-ce qu'il me récite des proverbes, celui-là ? C'est pour ça que vous l'avez fait venir ?

LÉODAGAN – Non non, j'ai juste pensé que – éventuellement, hein… – il pouvait peut-être nous filer un coup de main.

VENEC – Un coup de main, c'est beaucoup dire… Un petit coup de pouce, quoi…

BOHORT – Je ne vois pas en quoi un marchand d'esclaves pourrait nous sortir de nos problèmes pécuniaires.

ARTHUR – J'avoue que je vois pas bien non plus. *(à Venec)* Vous allez nous racheter le château à un bon prix ?

LÉODAGAN et VENEC sourient de la plaisanterie.

LÉODAGAN ET VENEC – Non…

VENEC – Enfin attention, si un jour vous êtes vendeur, je peux vous faire une proposition aux oignons. J'ai besoin d'un grand local pour entreposer des chinetoques.

BOHORT – Sire ! Est-ce que nous avons vraiment besoin de nous adresser à cette vermine ?

VENEC *(à Bohort)* – La vermine, elle va peut-être vous sortir de la purée ! Alors un peu de respect, OK ?

ARTHUR – Bon bah alors, vous la crachez, la pastille ? Qu'est-ce que vous pouvez faire ?

LÉODAGAN – Attention, c'est un peu spécial, hein ! Prenez-le pas de travers ! *(à Venec)* Allez-y, montrez-lui.

VENEC jette sur la table une bourse pleine de pièces. ARTHUR s'en saisit.

ARTHUR – Eh ben, oui, c'est du pognon…

VENEC – Eh ouais, du pognon. *(souriant)* Et qu'est-ce que vous en pensez ?

ARTHUR – J'en pense que je suis content pour vous mais qu'à partir du moment où c'est pas le mien, je vois pas bien ce que j'en ai à foutre.

VENEC – J'en ai des pleines caisses, de ça.

BOHORT – Avec toute la viande humaine qu'il fait circuler, ça ne m'étonne qu'à moitié…

LÉODAGAN *(à Arthur)* – Non, sans déconner, regardez bien. Qu'est-ce que vous en pensez ?

ARTHUR – Mais quoi, qu'est-ce que j'en pense ? C'est des pièces, quoi ! Il y a ma gueule dessus, voilà !

LÉODAGAN – C'est pas des vraies.

VENEC – C'est moi qui les fabrique.

BOHORT *(outré)* – Comment ?

ARTHUR – Vous vous foutez de moi ?

LÉODAGAN – C'est bien fait, hein ?

Silence.

VENEC – Bon, je vous en mets combien ?

4. INT. SALLE DE LA TABLE RONDE – ENSUITE

Le discussion se poursuit.

VENEC – Vous me dites « les caisses sont vides ». Moi, je vous propose de les remplir, vous êtes pas contents.

ARTHUR – On peut savoir depuis quand vous fabriquez votre propre pognon ?

BOHORT – Cet homme participe à la ruine du Royaume, Sire !

LÉODAGAN – Ça va ! On va pas faire un flan pour deux trois piécettes !

VENEC – Non mais c'est pour mon usage personnel, en plus.

ARTHUR – Vous êtes conscient que je devrais vous faire arrêter et vous balancer dans une cage jusqu'à ce que vous soyez décomposé ?

VENEC – Attendez, moi, j'essaie de vous rendre service !

BOHORT – Organiser l'inflation, vous appelez ça nous rendre service ?

LÉODAGAN – Qu'on remplisse les caisses avec du vrai ou du faux pognon, honnêtement, qu'est-ce que ça change ?

VENEC – Je vous en fais un bon prix.

ARTHUR – Ah, parce que vous les vendez, en plus ?

BOHORT *(fort)* – C'est honteux !

LÉODAGAN – Ça va, il y a pas de quoi en chier une galette !

ARTHUR – Parce que ça se passe chez moi! J'aimerais bien voir votre tête s'il faisait ça avec des pièces de votre Royaume à vous!

VENEC *(à Léodagan)* – La Carmélide? Ouais, j'en ai aussi. Plus vraies que les vraies, tout le monde y voit que du feu.

LÉODAGAN met un énorme pain dans la tête de VENEC qui s'écroule.

FERMETURE

5. INT. CHAMBRE DE LÉODAGAN – SOIR

Tandis que SÉLI feuillette quelques parchemins, LÉODAGAN s'inquiète.

LÉODAGAN – Vous croyez que ça se pourrait qu'il y ait des fausses pièces qui circulent, en Carmélide?

SÉLI – Bah évidemment qu'il y en a! J'en ai acheté, moi!

LÉODAGAN – Quoi! Ah bah de mieux en mieux!

SÉLI – Attendez, pour quinze vraies, j'en ai cinquante fausses! Le calcul est vite fait!

NOIR

SÉLI *(OVER)* – Avec les malheureux trois ronds que vous me faites tomber tous les mois, il faut bien que je trouve des combines!

37
La Romance De Lancelot

A. Astier

3 CORS

1. INT. SALLE DE BAIN – JOUR

Arthur et Demetra prennent un bain.

Demetra *(tendre avec Arthur)* – J'ai vu votre femme, ce matin. On a beaucoup parlé.

Arthur – Ah bon ?

Demetra – Oui, ça va pas fort. Elle se sent seule…

Arthur *(soufflant)* – Il y a toujours quelque chose qui va pas avec celle-là.

OUVERTURE

2. EXT. ENCEINTE DU CHÂTEAU – JOUR

Guenièvre et Angharad discutent. Guenièvre est mélancolique.

Angharad – C'est vrai qu'en ce moment, il passe beaucoup de temps avec Demetra.

Guenièvre – Il est fatigué… et puis c'est vrai qu'elle s'occupe bien de lui.

Angharad – Quand même! Ça fait combien de nuits qu'il dort pas dans son lit?

Guenièvre – Je sais plus… Trois ou quatre.

Angharad – Trois? ou quatre?

Guenièvre – Non mais elle est bien, cette fille, je vous assure. C'est vraiment une bonne amie. Des fois, heureusement qu'elle est là.

Angharad – Je suis là, moi aussi!

Guenièvre – Oui mais vous, vous êtes pas mon amie, vous êtes ma bonniche.

Angharad *(accusant le coup)* – Charmant.

Guenièvre – Ma suivante, si vous préférez.

Angharad – Ce que je préférerais, c'est que le Roi s'occupe un peu de la Reine. Parce que…

Lancelot arrive.

Lancelot – Bonjour.

Guenièvre – Bonjour, Seigneur Lancelot.

Lancelot *(gentil, à Angharad)* – Vous pouvez partir, s'il vous plaît?

Angharad *(accusant le coup)* – Eh ben… Si un jour j'oublie que je suis bonniche, vous serez gentils de me le rappeler!

3. EXT. ENCEINTE DU CHÂTEAU – ENSUITE

Lancelot prête l'oreille à la tristesse de Guenièvre.

Guenièvre – C'est juste que, des fois, j'aimerais pouvoir lui donner ce dont il a besoin.

LANCELOT – Je vous entends toujours parler de lui, de ses besoins… Et vous?

GUENIÈVRE – Et moi?

LANCELOT – Oui, vous. De quoi est-ce que vous avez besoin?

GUENIÈVRE – Ben… qu'il aille bien.

LANCELOT – Non mais d'accord mais vous… vous n'avez jamais envie de rien?

GUENIÈVRE – Si, qu'il aille bien.

LANCELOT – Bon, j'abandonne.

GUENIÈVRE – Qu'est-ce que vous voulez que je vous dise? Je suis Reine, je fais ce qu'on m'a appris : je m'occupe du bien-être du Roi.

LANCELOT – En ce moment, sans vouloir être vexant, c'est pas tellement vous qui vous en occupez.

GUENIÈVRE – Cette fille est très bien!

LANCELOT – Et les autres?

GUENIÈVRE – Quelles autres?

LANCELOT – Les autres filles! Anna, les jumelles du pêcheur…

GUENIÈVRE – Elles sont charmantes, je suis désolée de vous le dire! Et puis c'est flatteur d'avoir un époux qui a du goût pour les jolies femmes!

LANCELOT *(aventurier)* – Vous savez… j'ai beaucoup voyagé.

GUENIÈVRE – Qu'est-ce que vous voulez que ça me fasse?

LANCELOT – Dans certaines contrées, un homme choisit une femme, l'épouse et ne connaît qu'elle jusqu'à ce que la mort les sépare.

GUENIÈVRE – Oui mais nous, ça a rien à voir, on est civilisés, on n'est pas des sauvages ! Vous les voyez, les hommes d'ici, avec une seule femme toute leur vie ? Ils auraient l'air de quoi ?

LANCELOT – Moi, je trouve ça bien.

GUENIÈVRE – Mais vous, vous n'avez pas de femme du tout, c'est encore mieux !

LANCELOT – On dit que je suis fidèle.

GUENIÈVRE – Ah non, c'est pas ça qu'on dit.

LANCELOT – Qu'est-ce qu'on dit ?

GUENIÈVRE – Ben… on vous voit jamais avec une femme… C'est vrai qu'on raconte des choses – pas mal de choses, même – mais pas que vous êtes fidèle.

4. EXT. ENCEINTE DU CHÂTEAU – ENSUITE

GUENIÈVRE questionne LANCELOT.

GUENIÈVRE – Je comprends pas vraiment, vous êtes fidèle à qui si vous n'avez pas de femme ? C'est débile, cette histoire !

LANCELOT – J'aime une femme en secret et n'en aimerai pas d'autre jusqu'à ma mort.

GUENIÈVRE – Mais pourquoi en secret ? Vous êtes pas plus moche qu'un autre ! Faut pas vous laisser abattre !

LANCELOT – Cette femme est l'épouse d'un personnage très important. Et qui plus est, d'un ami fidèle.

GUENIÈVRE – Ah ça, c'est autre chose. M'enfin, vous êtes quand même spécial ! Quitte à choisir qu'une seule femme, vous pouviez pas en prendre une libre ?

LANCELOT – « L'amour a ses raisons que la raison ignore. »

Guenièvre – Mmh. En attendant, ça doit pas être la rigolade tous les jours !

Lancelot *(haussant les épaules)* – Je trouve mon bonheur dans la solitude et l'errance.

Guenièvre – Encore une chance. Mais bon, vous connaissez la loi : ami ou pas ami, si vous voulez la femme de quelqu'un…

Lancelot *(comme après une révélation)* – Il faut que je le tue.

Guenièvre – Ben voilà.

Lancelot – Il faut que je le tue… *(regardant Guenièvre)* et après…

Guenièvre – Et après, vous allez voir la dame, vous entamez la conversation, je ne sais pas.

Lancelot dégaine son épée et part en courant.

Guenièvre – Je vais quand même pas tout vous expliquer non plus. Chacun ses problèmes…

FERMETURE

5. INT. SALLE DE BAIN – JOUR

Arthur et Demetra sont toujours dans leur bain. Soudain, Lancelot surgit, épée en main.

Arthur *(surpris)* – Qu'est-ce qui arrive ?

Demetra *(s'agrippant à Arthur)* – Qu'est-ce qu'il veut ?

Lancelot – Je… Je…

Arthur – « Je je » quoi ? Qu'est-ce qui vous prend, vous êtes dingue ?

Lancelot – J'avais entendu un bruit…

ARTHUR – Un bruit? Non mais il y a pas de bruit, là. Allez vous laver les oreilles et laissez-moi prendre mon bain tranquille.

LANCELOT sort.

ARTHUR – Il commence à doucement me faire chier, celui-là.

NOIR

ARTHUR *(OVER)* – S'il se trouvait une gonzesse, il serait peut-être moins sur les dents.

38
Merlin Et Les Loups

A. ASTIER

3 CORS

1. EXT. FORÊT – CRÉPUSCULE

ARTHUR, LÉODAGAN et LANCELOT sont au milieu d'une forêt, visiblement très inquiets et regardant de tous côtés.

LANCELOT – C'est pas possible… Les éclaireurs sont formels : les Vandales devraient être là.

LÉODAGAN – Ils ont pas l'air tellement là…

LANCELOT – On devait les affronter ici, en pleine forêt.

ARTHUR – Comme affrontement, faut admettre, c'est plutôt calme.

OUVERTURE

2. EXT. FORÊT – PLUS TARD

ARTHUR, LÉODAGAN et LANCELOT ont fait venir MERLIN d'urgence.

LANCELOT *(à Merlin)* – On les a loupés ! On devait les stopper ici, ils sont pas là. Ils ont dû contourner par la plaine et passer à l'est.

ARTHUR – Vous comprenez le danger?

MERLIN – Ben, on s'est plantés de côté, quoi. Ça change pas tellement de d'habitude…

ARTHUR – Si, là ça change.

LÉODAGAN – Ça change même carrément. Parce qu'à l'heure qu'il est, ils sont en train de foncer sur Kaamelott et nous, on y est pas, on est là.

MERLIN – Du coup, faut retourner à Kaamelott. C'est dommage, on aurait su ça avant, on serait pas partis!

LANCELOT – On a cherché à les surprendre…

MERLIN – C'est réussi!

LÉODAGAN – Bon, ça va! Depuis quand vous êtes stratège, vous?

ARTHUR – Le danger, vous avez bien compris, c'est qu'ils attaquent Kaamelott alors qu'il y a plus personne pour assurer la défense et qu'ils s'en prennent à nos femmes et à nos enfants!

MERLIN – Moi, ça va, j'ai pas de famille.

LANCELOT – Remarquez, il y a Perceval qui est resté là-bas commander la garde.

Les hommes observent une seconde de silence.

ARTHUR – Putain, il faut vraiment qu'on se grouille.

3. EXT. FORÊT – ENSUITE

Les hommes semblent avoir trouvé une solution.

MERLIN – Donc, je résume : je pars en avance avec deux éclaireurs.

LANCELOT – Je viens avec vous au cas où ils aient laissé des hommes à l'arrière.

MERLIN – J'arrive au détour du canal et j'invoque un mur de flammes pour les bloquer avant la frontière.

LÉODAGAN – Vous orientez le feu pour les canaliser vers le pont et les obliger à traverser.

ARTHUR – Et nous, si on se démène un peu le train, on arrive à temps pour les choper de l'autre côté du pont.

MERLIN – Allez! Verrouillé! C'est parti… Le seul truc c'est que…

Au loin, dans la forêt, un loup hurle.

MERLIN – Merde…

ARTHUR – Quoi, qu'est-ce qu'il y a?

MERLIN – Vous avez entendu?

LÉODAGAN – Quoi, le loup?

MERLIN – Ah, c'est la vacherie, ça!

LANCELOT – Qu'est-ce qu'il y a? Vous avez peur des loups, vous maintenant?

LÉODAGAN – Je croyais que c'était vos potes…

MERLIN – C'est pas ça mais ils ont une femelle blessée. Une adulte de douze ans qui a fait une chute après un éboulement… Elle a la patte cassée et le bassin dévié.

Les hommes se regardent ébahis.

ARTHUR – Mais qu'est-ce que vous racontez, vous êtes marteau?

MERLIN – Bah, il vient de le dire!

LANCELOT – Qui ça?

MERLIN – Le loup! Vous avez entendu comme moi!

LÉODAGAN – Attendez, vous entendez une bestiole qui gueule et vous connaissez son âge, son état de santé, son prénom et ce qu'il a bouffé le midi ?

ARTHUR – Vous nous prenez pour des tartes, ou quoi ?

MERLIN *(inquiet)* – J'ai pas bien entendu si elle marchait tordu ou si elle boitait…

LANCELOT – Bon, quand vous aurez fini, vous pourrez peut être vous occuper de nous !

Le loup hurle à nouveau.

MERLIN – Attendez, taisez-vous !

Les hommes écoutent le cri lugubre.

MERLIN – Ouais, il y a une fracture. Allez, j'y vais.

ARTHUR – Rassurez-moi : vous allez au mur de flammes ?

MERLIN – Ah non, je vais soigner la louve. Pour les Vandales, je suis désolé, faudra trouver autre chose.

4. EXT. FORÊT – ENSUITE

ARTHUR, LANCELOT et LÉODAGAN tentent de raisonner MERLIN.

ARTHUR – Vous allez pas nous laisser tomber maintenant ? Si on se grouille pas, ils vont pulvériser Kaamelott !

MERLIN – Mais je sais, c'est dommage mais il y a quand même des priorités !

LÉODAGAN – Soigner la pa-patte à un clébard, vous appelez ça une priorité, vous ?

LANCELOT – Vous seriez militaire, vous passeriez en conseil de guerre pour un truc pareil !

MERLIN – Justement, je suis pas militaire, je suis druide. Et les druides, il y a deux-trois trucs, c'est comme ça et pas autrement. Par exemple, les loups, ça passe avant le reste, de jour, de nuit, qu'il gèle ou qu'il vente. Point final.

LÉODAGAN – Non mais c'est pas possible d'entendre ça !

ARTHUR – Les Vandales vont raser le pays, bon Dieu ! Vous irez soigner votre loup demain !

MERLIN – C'est un Commandement ! Je fais pas ce que veux, moi ! Si je suis pas les Commandements de mes Dieux, ils sont foutus de me carboniser avec un coup de foudre !

LÉODAGAN – Mais si vous suivez pas les nôtres, on pourrait bien vous en faire voir, aussi !

LANCELOT – On est peut-être pas vos Dieux mais on peut quand même s'énerver !

MERLIN – Énervez-vous si ça vous chante ; en attendant, moi, j'ai une louve à soigner. Bon courage pour le reste.

Il s'en va.

LÉODAGAN *(à Arthur)* – Qu'est-ce que je fais ? Je vais pas le dégommer à l'arbalète, quand même !

FERMETURE

5. EXT. FORÊT – NUIT

Les hommes sont désespérés.

LANCELOT – Si ça se trouve, les Vandales sont en train de dévaster notre chère Kaamelott…

LÉODAGAN – Et nous on est là, comme des cons…

Au loin, la horde de Vandales hurle et lance l'assaut. ARTHUR, LÉODAGAN et LANCELOT lèvent des yeux pleins d'espoir.

ARTHUR – Eh ben, c'est pas eux, ça ?

LANCELOT – Ils ont pas contourné finalement, ils sont là !

LÉODAGAN *(rassuré, la main sur la poitrine)* – Ah, putain, ça va mieux !

ARTHUR *(dégainant Excalibur)* – Vingt Dieux, on devrait jamais se faire de soucis !

LANCELOT – Allez, on y va !

ARTHUR – Qu'est-ce qu'on fait, on gueule, nous aussi ?

LÉODAGAN – Ouais, ça fait plus classe…

ARTHUR – OK…

NOIR

Les hommes hurlent et se lancent à l'assaut des Vandales, soutenus par les appels de cors de leur armée.

39
Le Cas Yvain

A. ASTIER

3 CORS

1. INT. CHAMBRE D'YVAIN – MATIN

YVAIN est profondément endormi. SÉLI entre en colère et vient le secouer.

SÉLI – Bon allez, ça fait cinq fois que je viens! Cette fois, vous vous levez!

YVAIN *(sans ouvrir les yeux)* – Je peux pas y aller, j'ai une otite.

YVAIN se tourne pour se rendormir.

SÉLI – Dépêchez-vous! Le cuissot de chevreuil, c'est pas bon réchauffé.

OUVERTURE

2. INT. SALLE DE LA TABLE RONDE – JOUR

LÉODAGAN et SÉLI sont convoqués à la Table Ronde. Au côté d'ARTHUR est assis leur fils YVAIN qui boude, le regard bas; il semble ne pas être concerné par la discussion.

ARTHUR – Non mais attention, quand vous m'avez demandé de faire entrer votre fils à la Table Ronde, je me suis montré compréhensif…

SÉLI – Encore une chance !

LÉODAGAN – C'est bien le moins que vous pouviez faire !

ARTHUR *(ironique)* – Ah bah je suis touché par votre gratitude ! Je vous rappelle quand même que j'ai viré Agravain pour lui faire une place !

SÉLI – Excusez-moi mais vous y avez gagné au change !

LÉODAGAN *(méprisant)* – Agravain… Vous allez quand même pas comparer mon fils à ce débile !

ARTHUR – Ah non, il vaut mieux pas comparer, effectivement ! Agravain, au moins, il servait à quelque chose !

LÉODAGAN – J'aimerais bien savoir à quoi !

ARTHUR *(hésitant)* – Il participait.

LÉODAGAN – Ah bravo ! Vous parlez d'un héros !

ARTHUR *(désignant Yvain)* – Parce que celui-là, c'est un héros ? Première nouvelle ! J'ai jamais entendu le son de sa voix !

Yvain se racle la gorge.

ARTHUR – Ah si.

3. INT. SALLE DE LA TABLE RONDE – ENSUITE

Le ton est monté.

SÉLI – Peut-être qu'il parle pas tout simplement parce qu'il a rien à dire !

LÉODAGAN *(à son fils)* – Vous avez quelque chose à dire ?

YVAIN – Non.

LÉODAGAN *(à Arthur)* – Voilà. Quand il a rien à dire, il dit rien. Il a pas été élevé chez les porcs, excusez-nous.

ARTHUR – Non mais attendez, c'est la Table Ronde, quand même ! On fait pas un barbecue ! Il est pas là pour glandouiller, il est censé participer activement à la Quête du Graal !

SÉLI – Mais il participe ! C'est pas parce qu'il passe pas son temps à hurler et à taper du poing sur la table qu'il participe pas !

ARTHUR – Mais qu'est-ce que vous voulez que j'en sache ? Il parle pas, il bouge pas, il fait la gueule… Chaque fois qu'on lui fait une remarque, il lève les yeux au ciel !

YVAIN lève les yeux au ciel.

ARTHUR – Tiens, voilà.

SÉLI – Il est sensible. Vous préféreriez peut-être qu'il passe son temps à faire des concours de pets ?

ARTHUR – C'est la seule alternative que vous me proposez ? Rien branler de la journée ou faire des concours de pets ?

LÉODAGAN *(à sa femme)* – Entre parenthèses, avec vos lubies de lui faire faire du luth et je sais pas quelles conneries…

SÉLI – J'y peux rien si c'est un artiste ! Il écrit des poèmes magnifiques !

ARTHUR *(ironique)* – Formidable !

LÉODAGAN – Il est jeune ! Les jeunes, c'est pas fait pour rester enfermés dans les donjons à tailler le bout de gras autour d'une table.

ARTHUR – S'il peut pas rester autour d'une table, il fallait pas me demander de le mettre à la Table Ronde !

LÉODAGAN – Vous allez voir, à la prochaine campagne ! Quand il y aura du combat ! Là, il va se réveiller !

YVAIN – Je m'en fous, j'irai pas.

Tous sont surpris d'entendre YVAIN prendre la parole.

LÉODAGAN – Quoi ?

ARTHUR – Quoi ?

YVAIN – Je refuse d'aller me battre pour soutenir une politique d'expansion territoriale dont je ne reconnais pas la légitimité.

4. INT. SALLE DE LA TABLE RONDE – ENSUITE

LÉODAGAN est hors de lui. Il s'en prend à sa femme.

LÉODAGAN *(à Séli)* – C'est vous qui lui avez mis ces conneries dans le crâne ! Je vous préviens, la prochaine fois que je le vois avec un luth, je lui casse sur la tête !

SÉLI – Oh, mais c'est à moi que vous cassez la tête ! Vous devriez être fier d'avoir un fils un peu moins bourrin que la moyenne !

LÉODAGAN – Fier ? Je vais l'envoyer trois mois à poil dans la forêt à bouffer des racines et des asticots ! Je vous garantis que quand il reviendra, il fera moins de poèmes !

YVAIN *(levant les yeux au ciel)* – Super ! Bonjour la pédagogie !

ARTHUR – Bon écoutez, je crois qu'il faut certainement que vous preniez un peu de temps tous ensemble pour résoudre cette petite crise ; moi en attendant, je reprends Agravain à la Table Ronde…

Léodagan *(sortant de ses gonds, à son fils)* – Vous irez vous battre ou je vous en mets une !

Yvain – Je réponds pas à la violence !

Séli *(à son fils)* – Vous avez raison ! Vous avez pas à vous faire massacrer si vous en avez pas envie.

Léodagan *(à sa femme)* – Vous, si vous voulez pas vous en prendre une par ricochet, je vous conseille de pas la ramener. Il ira au combat !

Yvain – Non, j'irai pas.

Léodagan – Si, vous irez.

Yvain – Non !

Léodagan – Si !

Yvain – OK, j'y vais.

Léodagan – Quand même !

Yvain – Mais je refuse de porter les armes.

FERMETURE

5. INT. CHAMBRE D'ARTHUR – NUIT

Arthur et Guenièvre sont au lit. Arthur est en pleine lecture.

Guenièvre – Je ne suis pas enceinte.

Arthur – Mmh ?

Guenièvre – Je suis désolée mais l'héritier, j'ai peur que ce soit pas encore pour cette fois.

Arthur – Vous savez, entre votre frère Chevalier qui porte pas les armes et vous qui faites pas d'héritier…

Guenièvre – Qu'est-ce que mon frère vient faire là-dedans?

Arthur – Rien, je me comprends.

NOIR

Guenièvre *(over)* – Vous avez de la chance…

40
L'Adoubement

F. RAULT – A. ASTIER

3 CORS

1. INT. SALLE DU TRÔNE – JOUR

ARTHUR en tenue d'apparat adoube un jeune Chevalier. Derrière ARTHUR, LANCELOT et PERCEVAL sont restés près du Trône.

PERCEVAL – C'est quand même beau… Comment vous dites que ça s'appelle, déjà ?

LANCELOT *(agacé)* – L'adoubement.

PERCEVAL – Encore un nom à coucher dehors…

LANCELOT – Comment voulez-vous que ça s'appelle ?

PERCEVAL – Ils auraient pu se creuser la tronche pour trouver un autre nom… Je sais pas moi… « Chevaliérisation ? »

LANCELOT lui jette un regard désolé.

PERCEVAL – Quoi ? C'est déjà pris ?

OUVERTURE

2. INT. SALLE DU TRÔNE – PLUS TARD

Tous parlent bas pour ne pas troubler la cérémonie. ARTHUR officie toujours.

PERCEVAL – Le nom est zéro mais ça reste drôlement chic comme cérémonie.

LANCELOT *(noble)* – Un nouveau Chevalier entre dans la grande famille de la Table Ronde…

PERCEVAL – Ah puis le petit coup d'épée, là, sur les épaules… Moi ça me fait un petit pincement à chaque fois.

Agacé par les murmures, ARTHUR s'interrompt.

ARTHUR – Perceval ! Si ça vous intéresse pas, vous êtes pas tenu de rester !

PERCEVAL – Si, ça m'intéresse ! Je disais justement que je trouvais ça émouvant !

ARTHUR – Alors fermez-la ! Une heure que vous discutaillez ! Si les gars en avaient fait autant pendant votre adoubement, qu'est-ce que vous auriez dit ?

PERCEVAL – Pendant mon… ?

LANCELOT – Adoubement !

PERCEVAL – Ah, ça ! Ah non mais je l'ai pas eu, moi, ça.

ARTHUR – Qu'est-ce que vous avez pas eu ?

PERCEVAL – Ben ça, la messe, le coup d'épée, tout le tralala ! Moi, à mon époque, ça se faisait pas.

3. INT. SALLE DE LA TABLE RONDE – ENSUITE

> *ARTHUR piaffe d'impatience devant PÈRE BLAISE qui fouille nerveusement son pupitre à la recherche d'un registre.*

ARTHUR – Bon, alors? Il y est ou il y est pas?

PÈRE BLAISE – Je cherche, je cherche…

PERCEVAL – Je vois pas tellement ce que vous cherchez… Je suis pas adoubé, je suis pas adoubé : c'est pas grave!

ARTHUR – Pas grave?

PERCEVAL – Enfin, je sais pas… Qu'est-ce que ça change?

PÈRE BLAISE – Ça change que si vous êtes pas adoubé, vous êtes pas Chevalier!

PERCEVAL *(sûr de son fait)* – Ah bah ça, ça me ferait mal!

PÈRE BLAISE – Je suis désolé, les textes sont très clairs là-dessus. Seuls sont Chevaliers ceux qui sont adoubés.

> *Un flottement s'installe dans la pièce.*

PERCEVAL – Non, je m'excuse, je vois toujours pas le rapport!

ARTHUR *(perdant son calme)* – Puisqu'on vous dit que sans ça, vous êtes pas Chevalier!

PERCEVAL – Sans l'armure ou sans l'épée, encore, je veux bien admettre…

ARTHUR – Mais c'est pas le problème d'armure ou d'épée! Vous pourriez vous balader avec une cuiller à soupe : l'adoubement c'est une condition pour être Chevalier!

PERCEVAL – Une condition?… Et toutes ces réunions qu'on se fait, là, autour de la table?

ARTHUR – Si vous êtes pas Chevalier, vous n'avez rien à y foutre!

PERCEVAL – Ah bon?

PÈRE BLAISE *(à Arthur)* – Peut-être qu'on l'a adoubé vite fait et qu'on s'en rappelle plus…

PERCEVAL *(dédramatisant)* – C'est gentil mais vous cassez pas la nénette pour moi…

ARTHUR *(exaspéré)* – Mais on s'en fout de vous! Là!

PERCEVAL – Comment ça?

ARTHUR – C'est pour moi qu'il faut se casser la nénette! Si on apprend que je mets des pignoufs même pas Chevaliers autour de la Table Ronde, demain j'ai la moitié de la Bretagne aux miches!

PERCEVAL *(après une seconde)* – Je vois pas le rapport avec la Bretagne…

4. INT. SALLE DE LA TABLE RONDE – ENSUITE

La tension est palpable. Un monceau de papiers s'est accumulé sur le pupitre.

PÈRE BLAISE – Alors… *(lisant)* « Bohort, Calogrenant, Dagonet… Lancelot, Léodagan… » C'est pas dans les « L »… Là, ça y est : « M, P »!

ARTHUR – Il y est ou pas?

PÈRE BLAISE – Je suis sur les « P » mais j'ai pas de Chevalier Perceval enregistré.

ARTHUR – Il faut regarder à « G » peut-être?

PERCEVAL – Gerceval?

Arthur *(menaçant)* – Perceval de <u>Galles</u>.

Père Blaise – « Galaad, Gauvain… » Non, c'est pas dans les « G » non plus.

Perceval – Et dans les « F » ?

Père Blaise – Les « F » ?

Perceval – Ben je sais pas : on n'a pas regardé dans les « F »… Si ?

Arthur sort Excalibur de son fourreau. Perceval pâlit.

Perceval *(paniqué)* – Arrêtez ! Je disais ça comme ça, je sais pas lire !

Arthur – Mais ne soyez pas con ! Je vais vous adouber maintenant !

Père Blaise – Sire, c'est pas très réglementaire…

Arthur – Au point où il en est, le règlement…

À contrecœur, il fait les gestes de l'adoubement en marmonnant trois mots de latin.

Arthur *(glacial)* – « Que Dieu te fasse Chevalier pour ton honneur et celui de ton lignage. » Voilà ! Emballez, c'est pesé.

Perceval semble impressionné.

Perceval – C'est beau, quand même…

FERMETURE

5. EXT. CHÂTEAU – JOUR

Karadoc et Perceval prennent l'air.

Perceval – Et là-dessus, tac ! Il m'adoube.

KARADOC *(admiratif)* – Ah, dites donc… Faudrait que j'y passe, un jour, quand même…

Un lourd silence s'installe où chacun se plonge dans sa rêverie.

KARADOC – C'est pas génial comme nom « adouber »…

PERCEVAL – J'arrête pas de le dire, moi.

NOIR

PERCEVAL *(OVER)* – Ils auraient pu prendre « Chevaliérisation ».

41
Arthur Et Les Ténèbres

A. ASTIER

3 CORS

1. INT. SALLE À MANGER – JOUR

GUENIÈVRE, SÉLI et LÉODAGAN déjeunent.

LÉODAGAN – Le Roi déjeune pas avec nous, aujourd'hui ? Qu'est-ce que c'est que ce genre ?

SÉLI – Quoi, il vous manque ?

GUENIÈVRE *(provocante)* – J'aurais plutôt pensé que ça vous ferait plaisir…

LÉODAGAN – Ça me fait plaisir parce que je peux pas le blairer mais c'est pas la question. Ça se fait pas.

OUVERTURE

2. INT. SALLE À MANGER – PLUS TARD

Le déjeuner se poursuit.

LÉODAGAN – Dites-donc, ma fille… En allant pisser, cette nuit, j'ai remarqué qu'il y avait encore de la lumière sous votre porte.

SÉLI – Mais toutes les nuits, c'est comme ça !

LÉODAGAN – Non mais moi, attention ! Je dis ça, c'était peut-être quatre heures du mat', hein !

SÉLI – Mais oui ! Jusqu'au matin, ça brûle ! Les loufiats changent les torches tous les jours !

GUENIÈVRE *(gênée)* – Eh bien, on a pris l'habitude… Je ne sais pas, moi.

SÉLI – Oh mais moi, je sais ! *(à Guenièvre)* Et je sais que vous voulez pas le dire parce que vous avez honte !

LÉODAGAN – Mais quoi ?

SÉLI – Eh ouais, vous, vous savez pas. Et pourtant, croyez moi, ça vous plairait !

LÉODAGAN – Mais vous allez me dire, nom d'un chien ?

GUENIÈVRE – Mère ! Il me semble que c'est une chose qui pourrait rester entre nous !

LÉODAGAN – Eh ben disons que je le répéterai pas !

SÉLI – Votre gendre.

LÉODAGAN – Eh ben ?

SÉLI – Eh ben il a peur du noir.

3. INT. SALLE DE LA TABLE RONDE – JOUR

Une séance de la Table Ronde s'achève.

ARTHUR *(à Père Blaise)* – Bon ben je crois qu'on a tout bouclé ?

PÈRE BLAISE – Il me semble.

ARTHUR – Personne n'a de question ?

LÉODAGAN *(levant le doigt)* – Moi, j'aurais une suggestion.

ARTHUR – Une suggestion ? Mais dans quel genre ?

LÉODAGAN – Dans le genre proposition de Quête.

ARTHUR – Ah ? Eh bien, ma foi, c'est intéressant. Pour une fois que c'est pas moi qui pousse au cul…

PERCEVAL – Attendez, c'est moi qui suis venu avec l'histoire de la Sorcière Irlandaise !

CALOGRENANT – Parce qu'elle vous avait jeté le mauvais œil et que vous pétiez dans vos frocs !

PERCEVAL *(vexé)* – N'empêche que c'est moi qu'avais proposé.

ARTHUR *(à Léodagan)* – Mais là, il s'agirait pas de régler un problème personnel ?

LÉODAGAN – Ah non, non. Une vraie Quête, tous ensemble, bras dessus bras dessous, comme vous aimez. La camaraderie, la solidarité, le courage… enfin, tout le couplet, quoi.

> *ARTHUR, d'un signe de tête, demande l'approbation de PÈRE BLAISE.*

PÈRE BLAISE – Je le rajouterai à l'ordre du jour…

ARTHUR *(à Léodagan)* – On vous écoute, Léodagan.

LÉODAGAN – Eh ben voilà. Vous me dites si je me trompe mais nous, notre truc, ce serait un peu de pourchasser le Chaos, les bêtes démoniaques et toutes ces saloperies. Non ?

BOHORT – Jusque là, ça me semble correspondre parfaitement à nos prérogatives…

LÉODAGAN – C'est ça. Alors moi, j'ai des renseignements sur un souterrain – le truc, c'est que c'est pas à côté, je vous l'accorde ! – mais il paraîtrait qu'il serait infesté de Skavens.

KARADOC – De… ?

LANCELOT – De Skavens. Des Hommes-Rats.

CALOGRENANT – Des machins bien dégénérés…

Léodagan – Ça, c'est sûr qu'ils sont pas choucards…

Perceval – Mais… on serait de taille à lutter ?

Léodagan – Bien sûr, c'est pas un boulot de femme. Seulement, la petite bricole en plus qui fait plaisir, c'est que les Skavens, il supportent pas la lumière. Ça les rend dingues ! Dès qu'ils voient une torche, ils deviennent agressifs, ils attaquent au hasard, c'est le vrai merdier.

Bohort – Alors qu'est-ce qu'il faut faire ?

Léodagan – C'est simple : il faut s'engager dans le souterrain torches éteintes.

Arthur ne parvient pas à masquer sa soudaine angoisse.

4. INT. SALLE DE LA TABLE RONDE – ENSUITE

Arthur essaie de se dépêtrer comme il peut de la situation compliquée dans laquelle le plonge son beau-père.

Arthur – Je dis pas que c'est pas intéressant ! J'essaie juste de savoir si c'est une mission prioritaire ou si ça peut attendre… C'est peut-être à ranger – temporairement, bien sûr ! – dans les Quêtes de second plan.

Léodagan – Dites tout de suite que j'ai des idées de tocard !

Calogrenant – Ah non, mais moi, je soutiens ! Allons nous farcir des Hommes-Rats, ça nous remuera un peu !

Lancelot – Et puis même sans torches, Dieu nous éclairera de Sa lumière pour nous remercier de pourchasser Ses ennemis.

CALOGRENANT – Ouais, ça aussi, ouais.

ARTHUR – Bon... Mais du coup, on n'a peut-être pas besoin de tous y aller!

LÉODAGAN – Ah si! Tout le monde! La fine équipe!

ARTHUR – Attendez... Je crois qu'il faut d'abord essayer de pas s'emballer...

BOHORT – Et moi, j'ai quelque chose qui pourrait nous rendre service. *(il sort une fiole)* Une potion de vision nocturne concoctée par notre ami Merlin. Une gorgée chacun, et on y voit comme en plein jour pendant cinq heures dans le noir complet sans allumer les torches.

ARTHUR *(rassuré)* – Ah! Eh ben on va demander à Merlin d'en faire une pleine marmite! Et puis on part demain à l'aube, ça vous va?

LÉODAGAN *(à Bohort, avec un profond mépris)* – Il faut toujours que vous veniez foutre votre merde, vous...

FERMETURE

5. INT. CAVERNE – JOUR

ARTHUR ferme la marche derrière BOHORT et LÉODAGAN. Il est le seul à maintenir sa torche allumée.

BOHORT – Sire, il faudrait vraiment que vous éteigniez votre torche, maintenant.

LÉODAGAN – Faites pas le con, ça sent le Skaven à plein nez, on va se faire repérer!

ARTHUR *(paniqué)* – Encore deux-trois secondes...

BOHORT – Je vous assure, avec la potion, on y voit très bien.

ARTHUR *(prenant son courage à deux mains)* – OK…
Trois, deux, un…

> *Il souffle sa torche. Les hommes se retrouvent
> dans le noir complet.*

NOIR

ARTHUR *(over)* – Ouais… On y voit quand même carrément mieux avec la torche.

42
Le Zoomorphe

A. ASTIER

3 CORS

1. INT. LABORATOIRE DE MERLIN – JOUR

ARTHUR a rendu visite à MERLIN dans son laboratoire.

ARTHUR – Il y a des merdes d'oiseau partout par terre, chez vous. C'est parfaitement dégueulasse.

MERLIN – Non, ça, c'est moi quand je me transforme en chouette.

ARTHUR – Quoi?

MERLIN – Ouais, la sensation de liberté, je vole dans la pièce, je me sens plus et je fais pas gaffe.

OUVERTURE

2. INT. CHAMBRE D'ARTHUR – SOIR

ARTHUR et GUENIÈVRE sont au lit. Un chat est couché avec eux.

ARTHUR – D'où il sort, celui-là?

GUENIÈVRE – Je ne sais pas mais si vous aviez l'obligeance de le mettre dehors, vous seriez bien aimable.

ARTHUR – Bah pourquoi? Il est gentil!

GUENIÈVRE – Il est surtout affreusement sale.

ARTHUR – Mais pas du tout! Ils sont jamais sales, les chats! Ils passent leurs journées à se laver!

GUENIÈVRE – Ils marchent par terre, avec leurs pattes!

ARTHUR – Bah, vous aussi, vous marchez par terre! C'est pas pour ça que je vous vire du lit!

GUENIÈVRE – Soyez gentil, enlevez-moi cette bestiole de là, elle m'incommode!

ARTHUR – Oh mais c'est dommage, il est bien, là…

GUENIÈVRE – S'il vous plaît!

ARTHUR – Mais virez-le vous-même! Vous m'emmerdez, à la fin!

GUENIÈVRE – Ça me dégoûte!

ARTHUR – Oh mais c'est pas croyable de faire un flan pareil pour un malheureux greffier!

GUENIÈVRE – C'est surtout pas croyable de votre part de pas comprendre que j'aime pas les…

Soudain, le chat s'illumine d'un halo violacé, se striant d'éclairs. ARTHUR et GUENIÈVRE sont figés.

3. INT. LABORATOIRE DE MERLIN – JOUR

Arthur est venu demander des explications à Merlin dans son laboratoire.

ARTHUR – Moi, je veux bien que vous vous transformiez en ce que vous voulez! Ce que je veux pas, c'est que vous en profitiez pour venir vous vautrer sur mon plumard!

MERLIN – Je suis désolé, quand je me transforme en chat, j'ai des réflexes de chat! Les coussins, la cheminée…

ARTHUR – Eh ben transformez-vous en autre chose!

MERLIN – Là, c'est la semaine du chat! C'est pas moi qui décide!

ARTHUR – Vous faites pas exprès, c'est ça?

MERLIN – Si mais… Bon, je vais pas vous faire un cours de druidisme! Là, c'est une semaine consacrée à l'Esprit du Chat, voilà.

ARTHUR – Mmh. Alors, cette semaine, je vous conseille d'aller vous faire les griffes ailleurs que vers chez moi. C'est clair?

MERLIN – Je comprends pas ce qui vous gêne…

ARTHUR – Ce qui me gêne, c'est que vous écoutez les conversations, que vous voyez ma femme se déshabiller…

MERLIN – C'est bon, ça finit demain!

ARTHUR – Après, c'est fini?

MERLIN – Après, c'est la semaine de l'araignée.

ARTHUR – Ah mais c'est pas vrai!

MERLIN – Cette année, ça tombe deux semaines de suite!

ARTHUR – Et vous allez venir crapahuter sur les murs de ma piaule, aussi?

MERLIN – Non, quand je suis en araignée, je passe une semaine entière enfermé dans mon labo. Parce que, voyez-vous, les gens ont certains réflexes avec les araignées… Un accident est vite arrivé.

ARTHUR – Une semaine dans le labo sans sortir?

MERLIN – Je joue la sécurité.

ARTHUR – Et qu'est-ce que vous bouffez?

MERLIN – Des moucherons.

ARTHUR – Ah bah oui, je suis con…

MERLIN – Je me tire une toile à partir de l'étagère jusqu'au rebord du…

ARTHUR – Non mais c'est bon, j'ai compris.

4. INT. CHAMBRE D'ARTHUR – SOIR

ARTHUR, GUENIÈVRE et MERLIN en chat sont au lit.

GUENIÈVRE – Tiens, il est encore là, le chat qui fait des éclairs?

ARTHUR – Ben ouais.

GUENIÈVRE – Alors ça, c'est Merlin…?

ARTHUR – Ben ouais.

GUENIÈVRE – Du coup, vous le caressez plus.

ARTHUR – Ben non.

Guenièvre – Est-ce que vous lui avez dit, à Merlin, que je supportais pas les chats ?

Arthur – Bah, il est là. Vous n'avez qu'à lui dire vous même !

Guenièvre – Je vais pas parler à un chat !

Arthur – C'est pas un chat, c'est Merlin.

Guenièvre – Je vais avoir l'air d'une idiote !

Arthur – Devant qui ? Moi, j'ai l'habitude !

Guenièvre *(désignant le chat)* – Devant lui !

Arthur – Le chat ou Merlin ?

Guenièvre – Mais je ne sais pas !

Arthur et Guenièvre restent interdits en regardant le chat.

Arthur – En tout cas, en chat ou pas en chat, il emmerde toujours autant le monde...

FERMETURE

5. INT. CHAMBRE D'ARTHUR – SOIR

Arthur et Guenièvre sont au lit. Arthur est en pleine lecture.

Guenièvre – Il est pas là, le chat-Merlin, ce soir ?

Arthur – Ah non, en chat, c'était la semaine dernière.

Guenièvre écrase un insecte sur le rebord du lit.

Arthur – Qu'est-ce que vous faites ?

Guenièvre – Une araignée comme ça sur le rebord du lit.

Le visage d'ARTHUR se fige.

NOIR

ARTHUR *(OVER)* – Quand vous l'avez écrasée, elle a fait des éclairs ou pas?

43
La Coccinelle De Madenn

A. ASTIER

3 CORS

1. INT. COULOIRS – JOUR

ARTHUR, LANCELOT et PERCEVAL s'apprêtent à entrer dans la salle du Trône pour une séance de doléances.

ARTHUR – Qu'est-ce qu'on a maintenant, comme doléance?

LANCELOT – Le paysan Guethenoc, Sire.

ARTHUR – Encore! Mais il vient deux fois par semaine, celui-là, maintenant!

PERCEVAL – Il sont toujours en train de se plaindre, ces péquenauds… L'autre jour, on s'entraînait à la catapulte dans un champ, il y en a un qui arrive : « Ho! Mes endives, mes endives! » On lui a mis un rocher sur la tête, ça l'a calmé, le bouseux.

OUVERTURE

2. INT. SALLE DU TRÔNE – JOUR

GUETHENOC est là, aux côtés d'une jeune fille au ventre arrondi. Il s'adresse à ARTHUR, LANCELOT et PERCEVAL sur un ton agressif.

GUETHENOC – Mon bon Roi, permettez-moi de vous présenter ma fille Madenn.

ARTHUR – Enchanté.

GUETHENOC – Enfin, quand je dis « présenter », c'est manière de dire. Il me semble que vous la connaissez déjà pas mal !

ARTHUR – Qui, moi ?

MADENN – Père ! Vous m'avez juré de ne pas vous montrer désobligeant ! Et sans vouloir faire mon intéressante, je vous signale que la position debout me fatigue.

LANCELOT – Votre fille est malade ?

MADENN – Enceinte, Seigneur Lancelot !

GUETHENOC – Enceinte ! Enceinte jusqu'aux gencives ! Le déshonneur ! La honte ! L'humiliation !

MADENN – Quand vous serez à court de synonymes, aurez-vous l'obligeance de m'obtenir de quoi m'asseoir ?

LANCELOT – Gardes ! Apportez un siège à madame !

MADENN – Mademoiselle !

GUETHENOC – Mademoiselle, exactement ! Et elle en est fière en plus !

Un garde apporte un siège.

GUETHENOC – Remarquez, j'ai pas trop à me faire de souci… Parce que j'ai de très bonnes raisons de penser que le petitou qui va arriver est de sang royal, si vous voyez ce que je veux dire !

ARTHUR *(surpris)* – Quoi ?

MADENN – Père !

GUETHENOC – Parfaitement !

PERCEVAL *(à part)* – Ça sert à rien, un siège. Si elle est enceinte, il faut des linges blancs et une bassine d'eau chaude.

3. INT. SALLE DU TRÔNE – ENSUITE

La séance de doléances continue.

GUETHENOC – Remarquez, c'est pas que l'idée de faire partie de votre famille me dégoûte, Sire…

LANCELOT – Vos insinuations sont extrêmement graves, Guethenoc ! Je vais vous demander de retirer vos propos et de présenter vos excuses au Roi Arthur ! *(discrètement à Arthur)* À moins que… Enfin, Sire, vous savez que vous pouvez tout me dire…

ARTHUR – Mais j'ai rien à vous dire ! Je l'ai jamais vue, moi, cette fille !

GUETHENOC – Mensonge !

MADENN *(à Arthur)* – Je suis désolée, Sire ! Mon père s'est mis en tête que vous étiez le père sous prétexte que vous m'avez adressé la parole, un jour, à un bal de village !

GUETHENOC – Les premières œillades ! La flûte enchantée ! Trois mois après : patatrac !

273

PERCEVAL – Chaque fois que je vais à un baloche, je picole, je discute… Trois mois après, il a toujours un type qui débaroule chez moi avec sa fille enceinte.

LANCELOT *(à Madenn)* – À ce compte-là, mademoiselle, pourquoi ne dites-vous pas qui est le véritable père de l'enfant?

MADENN – Parce que j'ai pas envie de lui causer de soucis! C'est un homme marié, avec une très bonne situation…

GUETHENOC – Ah bah, Roi de Bretagne, comme situation, c'est vrai que c'est pas dégueulasse!

ARTHUR – Mais vous allez me lâcher, oui? Je vous dis que c'est pas moi!

MADENN – Je vous dis que c'est pas lui!

GUETHENOC – Et les œillades, au bal?

ARTHUR – Mais je me souviens même pas avoir foutu les pieds dans un bal, moi…

MADENN – Si. Vous vous êtes approché, vous avez délicatement saisi une coccinelle qui se promenait dans mes cheveux et vous m'avez demandé si c'était ma sœur…

PERCEVAL *(complice, à Arthur)* – Yééé.

LANCELOT – C'est vrai que c'est joli…

GUETHENOC – C'est nul! Zéro!

LANCELOT – Quand même, c'est plutôt élégant!

GUETHENOC *(désignant le ventre de sa fille)* – Et ça! C'est élégant? Je vais vous en fournir, des coccinelles, moi! J'exige réparation de l'affront qu'on m'a fait!

MADENN – Il y a pas d'affront! À part la coccinelle, il n'y a rien eu entre le Roi et moi.

LANCELOT – Guethenoc, vous n'avez ni preuve de ce que vous avancez, ni témoignage pour l'étayer. Je vous demande de sortir de cette salle !

MADENN – Je suis vraiment désolée du remue-ménage ! Vous savez ce que c'est les paysans… Mon père, il est plus têtu que ses bourriques !

PERCEVAL – Une fois, à une exécution, je m'approche d'une fille, je lui fais : « Vous êtes de la famille du pendu ? » C'était sa sœur. Bonjour, l'approche.

4. INT. SALLE DU TRÔNE – PLUS TARD

Une fois tout le monde parti, ARTHUR vient discrètement parler à MADENN, à voix basse.

ARTHUR – Alors, c'est le mien ou c'est pas le mien ?

MADENN *(souriante)* – Évidemment que c'est le vôtre.

ARTHUR *(fou de joie)* – Hé hé hé ! J'en étais sûr !

MADENN – J'ai rien dit, j'avais pas envie qu'on vienne vous embêter…

ARTHUR – Vous avez bien fait. Ma femme aurait encore trouvé le moyen de me faire chier… De toute façon, elle est jamais contente.

MADENN – Et elle, il y a toujours rien en route ?

ARTHUR *(soufflant)* – Ben, non mais c'est moi… Il faudrait que je m'y mette mais j'ai pas le courage. *(au ventre de Madenn)* Hé hé ! *(à Madenn, avec espoir)* Peut-être que ce sera une fille ?

MADENN – Ah je sais pas, j'ai plutôt l'impression qu'il part vers l'avant…

ARTHUR *(la main à sa ceinture)* – Tenez, je vais vous filer un peu de pognon.

MADENN – Mais non, ça va, mon père en a jusqu'au nez, du pognon.

ARTHUR – Bon ben alors un petit cadeau pour le bébé… *(détachant sa dague)* Voilà, vous lui donnerez ça dans son berceau ! Un souvenir de son père ! J'ai égorgé un Chef Ostrogoth, avec !

Dans le couloir, GUETHENOC s'impatiente.

GUETHENOC *(OFF)* – Madenn !

MADENN – Allez, je file ! À bientôt !

Elle embrasse ARTHUR en vitesse et se sauve.

ARTHUR – À bientôt !

FERMETURE

5. INT. CHAMBRE D'ARTHUR – SOIR

GUENIÈVRE brode, au lit ; elle remarque le sourire d'ARTHUR.

GUENIÈVRE – Qu'est-ce que vous avez à sourire ?

ARTHUR *(sortant de ses pensées)* – Rien, rien.

Dans une chambre voisine, un bébé se met à pleurer.

GUENIÈVRE *(agacée)* – Ha ! C'est le petit de la Duchesse de Winchester… Il est infernal, ce gosse. *(brodant avec nervosité)* Quand on en aura à nous, j'aime mieux vous dire qu'il est hors de question que je donne la tétée à une heure du matin ! Je suis pas une vache, moi.

Arthur, ayant perdu toute sa joie, souffle de lassitude.

NOIR

Guenièvre *(over)* – Qu'est-ce que vous avez à souffler ?

44
Patience Dans La Plaine

A. ASTIER

3 CORS

1. EXT. ENCEINTE DU CHÂTEAU – JOUR

ARTHUR et DEMETRA discutent.

ARTHUR – Eh oui. C'est demain, la grande bataille contre les Saxons.

DEMETRA – Ah oui?

ARTHUR – Ouais… On part à l'aube.

DEMETRA – Très bien.

ARTHUR – On sait pas si on va être de taille.

DEMETRA – Ah bon?

ARTHUR – Non. On sait même pas si on va revenir…

DEMETRA – C'est la guerre, ça.

ARTHUR *(las)* – Je suis content que ça vous panique pas, déjà.

OUVERTURE

2. EXT. COLLINE DE COMMANDEMENT – JOUR

ARTHUR, LÉODAGAN et KARADOC scrutent la plaine.
À l'arrière, KAY attend en ajustant ses drapeaux.

ARTHUR – Je comprends pas, là. Qu'est-ce qu'ils foutent, ces cons de Saxons ?

LÉODAGAN – Je croyais qu'ils devaient être là à l'aube…

KARADOC – Même qu'hier soir, on avait dit qu'avant le repas, la bataille serait bouclée !

LÉODAGAN – On est partis en pleine nuit pour être là à temps, on a pris tout le matos et les ennemis sont pas là. On a l'air de quoi ?

ARTHUR – Moi, j'ai dit qu'ils seraient là à l'aube… comme j'aurais pu dire autre chose !

LÉODAGAN – Eh ben vous auriez pu vous mettre au jus un peu mieux que ça !

ARTHUR – C'est des estimations ! Les éclaireurs ont fait leur rapport : les Saxons ont passé la frontière dans la nuit d'avant-hier. À un jour et demi de marche, je suis désolé, ils auraient dû être là à l'aube.

KARADOC – Ils se sont peut-être paumés. Après tout, ils sont pas chez eux…

LÉODAGAN – Ou c'est les éclaireurs qui ont picolé.

KARADOC – En tout cas, ils sont pas là.

KAY – Sire, certains de nos hommes ont commencé à manger leur ration du soir.

KARADOC *(outré)* – Quoi ?

ARTHUR *(incrédule)* – Non. *(apercevant les fautifs)* Ah putain, si ! Ils ont sorti les gamelles, ceux-là ! *(fort, aux hommes)* Ho ! Hé ! Faut pas exagérer non plus !

KAY – Ils vous entendent pas.

KARADOC – Non, ils bouffent.

ARTHUR *(à Kay)* – Donne un coup de tût-tût!

KAY sonne la corne.

3. EXT. COLLINE DE COMMANDEMENT – ENSUITE

ARTHUR et ses Chefs sont en désaccord sur l'inactivité de leurs soldats. KARADOC mange.

ARTHUR – C'est pas de ma faute, à moi, si j'ai l'armée la plus indisciplinée de toute l'histoire martiale!

LÉODAGAN – Ils sont pas indisciplinés. Ils sont très cons mais c'est pas les mauvais gars.

ARTHUR – On s'arrache les cheveux à leur instruire les postures d'attente, résultat : ils cassent la graine au milieu du champ de bataille!

LÉODAGAN – C'est pas encore un champ de bataille puisqu'il y a pas d'ennemis!

KARADOC *(approuvant)* – Déjà!

ARTHUR – Ah bah heureusement qu'il y a pas d'ennemis! Parce que mettons qu'ils se pointent, là, ils tombent sur une fine équipe! Deux mecs sur trois en train de pique-niquer dans l'herbe!

LÉODAGAN – Mais laissez-les bouffer… qu'est-ce que ça peut faire?

KARADOC – Bien manger, c'est important.

ARTHUR – En somme, il y a que moi que ça chagrine!

LÉODAGAN – Mais qu'est-ce qui vous chagrine?

ARTHUR – Nos troupes d'élite en train de gameller! Ça ressemble à quoi? Dans un quart d'heure, ils vont peut-être faire griller des côtelettes, tant qu'on y est?

KAY – Sire, certains de nos hommes allument des feux.

LÉODAGAN – Qu'est-ce qu'ils foutent?

ARTHUR *(abasourdi)* – Tiens, mais ils font ce que je vous ai dit!

LÉODAGAN *(scrutant au loin)* – C'est pas forcément des côtelettes…

KAY – Je crois que c'est de la volaille, Sire.

KARADOC *(sans aucun doute)* – Mi-coquelet, farandole de champignons.

ARTHUR *(à Kay)* – Fais marcher ton tsoin-tsoin!

LÉODAGAN – Qu'est-ce que vous faites?

ARTHUR – Je sonne l'alerte!

LÉODAGAN – Vous allez pas sonner l'alerte, il y a pas d'ennemis!

ARTHUR – Ça les remettra peut-être au garde-à-vous…

LÉODAGAN – Mais au garde-à-vous pour quoi, Bon Dieu? Il y a personne!

ARTHUR – Au cas où il y ait quelqu'un qui arrive! Que ça ressemble à quelque chose! *(à Kay)* Allez! Souffle!

KAY sonne la corne.

ARTHUR – Drapeaux rouge et noir en « V ».

KAY s'exécute.

ARTHUR – Eh ben? Ils foutent rien!

KARADOC – Ils ont pas compris le code.

LÉODAGAN – Ils comprennent jamais le code.

KAY – Qu'est-ce qu'on fait?

LÉODAGAN – Peut-être que si on sonne l'heure de la bouffe, ils se mettront en formation…

4. EXT. COLLINE DE COMMANDEMENT – ENSUITE

ARTHUR, LÉODAGAN, KARADOC et KAY prennent à leur tour leur dîner, debout.

LÉODAGAN – Vous direz ce que vous voulez, c'est quand même pas normal que les Saxons soient pas là.

ARTHUR – La rivière est montée de quatre mètres, il paraît. Ils ont peut-être fait un détour pour traverser à gué…

KARADOC – De toute façon, à cette heure, ils ont dû s'arrêter pour manger.

LÉODAGAN – Qu'est-ce qu'on fait s'ils arrivent pas?

ARTHUR – Ils vont forcément arriver! Les éclaireurs sont formels!

LÉODAGAN – Non mais on attend une heure ou deux et puis on plie les gaules! Ça va bien maintenant.

KAY *(scrutant le lointain)* – Sire! Cinquante cavaliers nord-nord-ouest!

LÉODAGAN – Eh ben…? Ça y est! C'est eux, là!

KARADOC – Mince! J'ai pas fini!

ARTHUR – Non mais nord-nord-ouest, c'est Calogrenant! Je lui avais dit de venir en renfort.

KARADOC *(le regard au loin)* – C'est Calogrenant, ça?

LÉODAGAN – Des renforts? Qu'est-ce que vous voulez qu'on en foute?

ARTHUR – J'avais prévu large, au cas où…

LÉODAGAN – Ça, on va être larges…

KARADOC – On peut sonner la corne pour lui demander s'il a apporté un peu de jaja ?

KAY sonne la corne.

FERMETURE

5. EXT. ENCEINTE DU CHÂTEAU – JOUR

ARTHUR et DEMETRA se sont retrouvés.

DEMETRA – Vous êtes revenu, finalement.

ARTHUR – Ben oui.

DEMETRA – Et sans une égratignure. Voyez qu'il y avait pas de raison de s'alarmer.

ARTHUR *(convenant)* – Non, non mais là, effectivement, je vous le reproche pas. Vous vous seriez alarmée pour rien.

NOIR

ARTHUR *(OVER)* – Même nous, sur place, on s'est pas alarmés plus que ça.

45
Le Oud

A. ASTIER

3 CORS

1. EXT. FORÊT – JOUR

LANCELOT et PERCEVAL font leur rapport à ARTHUR et LÉODAGAN.

LANCELOT – Les Égyptiens ont dû fuir à l'aube. Il reste plus qu'un campement vide de l'autre côté de la rivière.

LÉODAGAN – Ils ont foutu le camp, ces péteux!

ARTHUR – Vous avez récupéré des chevaux? Des armes?

LANCELOT – Non rien. Ils ont eu le temps de tout prendre.

PERCEVAL – Si, moi j'ai trouvé ça.

PERCEVAL brandit un oud, une sorte de luth égyptien.

PERCEVAL – Elles sont quand même bizarres, leurs arbalètes!

OUVERTURE

2. INT. CHAMBRE DE DEMETRA – SOIR

ARTHUR joue du oud pour DEMETRA.

DEMETRA – Ça vient d'où, ce machin ?

ARTHUR *(tout en jouant)* – Égypte.

DEMETRA écoute encore quelques secondes, sans expression.

DEMETRA – Et pourquoi vous en jouez ?

ARTHUR – J'aime bien.

DEMETRA – Non mais, je veux dire, pourquoi vous en jouez maintenant ?

ARTHUR – Je sais pas… C'est comme une sérénade…

DEMETRA – Une… ?

ARTHUR – Une sérénade ! Pour vous séduire !

DEMETRA – Bah… Vous avez pas besoin de me séduire, je suis déjà là !

ARTHUR *(s'arrêtant de jouer)* – Bon allez, j'ai compris…

DEMETRA – Excusez-moi mais la première fois que je vous ai vu, vous m'avez dit : « Bonjour, rendez-vous ce soir, dans votre chambre. » Maintenant, ça fait trois ans qu'on se voit et vous jouez de la mandoline pour me séduire…

ARTHUR – Du oud.

3. INT. CHAMBRE D'ARTHUR – SOIR

ARTHUR joue du oud ; GUENIÈVRE l'écoute, visiblement très émue.

ARTHUR *(s'arrêtant de jouer)* – Qu'est-ce qu'il y a ? Ça vous plaît pas ?

GUENIÈVRE *(la gorge nouée)* – Si… Mais c'est tellement triste !

ARTHUR – Triste ? Pourquoi, triste ?

GUENIÈVRE – Ça me fait penser à ceux qui sont loin de chez eux.

ARTHUR – Qui, qui est « loin de chez eux » ?

GUENIÈVRE – Je ne sais pas… Tous ces gens qui sont obligés de quitter leurs terres et qui se lancent à corps perdu sur les routes pour fuir l'oppression…

ARTHUR – Mais qu'est-ce que vous me chantez ?

GUENIÈVRE – Vous savez, quand on est déraciné, on n'est plus que la moitié de soi-même.

ARTHUR – Mais vous êtes pas déracinée, vous, que je sache !

GUENIÈVRE – Cette musique… ça m'évoque ma Carmélide natale, le vent dans les saules, *(souriant)* nos jeux dans la neige au pied du mur d'Hadrien…

ARTHUR *(désignant le oud)* – Attendez, ça vient d'Égypte, ça. Vous allez pas me dire que ça vous fait penser à la neige !

GUENIÈVRE – C'est mélancolique ! Ça me rappelle que je suis loin de mon pays !

ARTHUR – Vous y retournez deux fois par mois, en Carmélide ! Et puis vous êtes venue ici pour devenir Reine, vous allez pas me sortir que vous vous êtes lancée à corps perdu sur les routes pour fuir l'oppression !

GUENIÈVRE – Ah mais fichez-moi la paix ! Ça me rend triste, c'est tout ! J'ai pas à fournir d'explications !

ARTHUR – Bon, ben qu'est-ce que je fais, moi ? J'arrête, alors ?

GUENIÈVRE – Mais non, continuez.

GUENIÈVRE porte un mouchoir à son visage et écoute ARTHUR jouer. La mélodie la plonge de nouveau dans une nostalgie profonde qui lui arrache un sanglot.

ARTHUR *(s'arrêtant de jouer)* – Ah non mais ça va bien, maintenant! Vous pouvez pas imaginer autre chose que la Carmélide?

GUENIÈVRE – Mais je pense plus à ça! C'est cette musique, ça me fait penser à des petits chiens.

ARTHUR – Des petits chiens?

GUENIÈVRE – Je ne sais pas… Des petits chiens. C'est tellement fragile, les petits bébés chiens!

ARTHUR – Mais quel rapport?

GUENIÈVRE *(sanglotant)* – Ils se lancent dans la vie avec tellement de courage…

ARTHUR soupire en levant les yeux au ciel, pose son oud et se couche.

GUENIÈVRE – Vous jouez plus?

ARTHUR – Non, c'est bon, j'en ai marre, là.

GUENIÈVRE – Bah… pourquoi?

4. INT. CHAMBRE DE LÉODAGAN – SOIR

LÉODAGAN et SÉLI sont au lit. Dans la pièce voisine, le oud d'ARTHUR résonne, empêchant le couple de trouver le sommeil.

LÉODAGAN – Il était déjà chiant avant, voilà qu'il joue de la guitare, maintenant.

SÉLI – À ce train-là, c'est pas demain qu'on a un petit-fils, croyez moi!

Léodagan – Ah non mais il nous aura tout fait… Quand je pense que les Saxons sont à deux doigts de raser le pays, qu'on a pas une seule tourelle qui tient debout et que l'autre, il fait de la musique…

Séli – C'est un mou. Le pouvoir, ça lui est tombé dessus comme la misère sur le pauvre monde, il a pas les épaules.

Léodagan – En attendant, c'est lui le patron. Sous prétexte qu'il a tiré une épée d'un rocher…

Séli – En attendant, vous avez pas réussi à la retirer, vous !

Léodagan – Eh ben c'est bien dommage ! Parce que si j'avais réussi, je serais pas en train de jouer du crin-crin, croyez-moi ! Ah et puis j'en ai marre ! *(criant à Arthur)* Ça va pas bientôt finir ?

La musique s'arrête.

Léodagan – Là ! Quand on se fâche, il y a toujours un résultat.

De l'autre côté du mur, la musique redouble de volume. Arthur joue le plus fort qu'il peut et chante par-dessus le oud.

Séli – Eh ouais… C'est lui qui l'a retirée, l'épée.

Elle se retourne pour dormir. Le vacarme continue.

FERMETURE

5. EXT. ENCEINTE DU CHÂTEAU – JOUR

Arthur, assis sur un banc, joue du oud. Karadoc et Perceval sont assis à ses côtés, ils « vivent » la musique. Au bout de quelques secondes, KARADOC commence à improviser une mélodie à la voix tandis que PERCEVAL joue des percussions sur la pierre du banc.

ARTHUR *(les coupant net)* – Non, non! Houlà là, non, non! S'il vous plaît!

Les hommes s'arrêtent.

ARTHUR – Cassez-vous, d'ailleurs. Restez pas là, ça m'énerve.

Les deux hommes s'en vont.

NOIR

ARTHUR recommence à jouer.

ARTHUR *(OVER)* – ... toujours qu'on se fasse emmerder!

46
Le Code De Chevalerie

F. Rault – A. Astier

3 CORS

1. EXT. FORÊT – JOUR

Karadoc et Perceval discutent autour du campement.

Perceval – Vous vous rappelez quand on s'est pris la peignée contre les Saxons ?

Karadoc – Laquelle ?

Perceval – L'avant dernière !

Karadoc – Dans la forêt de Kelyddon ?

Perceval – Non, celle du printemps…

Karadoc – Ah ouais. Eh ben ?

Perceval – J'ai pris un sacré coup au moral, quand même.

Karadoc – C'est sûr, c'est un coup dur…

Perceval – Pas moyen de remettre la main sur cette gourde !

Karadoc – En plus, c'était un cadeau, non ?

Perceval – Ma grand-mère pour mes onze ans…

KARADOC – Ah, moche…

2. INT. SALLE DE LA TABLE RONDE – JOUR

ARTHUR et les Chevaliers tiennent leur assemblée générale. Seul PERCEVAL n'est pas là.

ARTHUR – Bon, c'est quoi le problème exactement ?

LÉODAGAN *(maugréant)* – Le problème, c'est que c'est toujours un peu les mêmes qui se tapent le sale boulot ! si vous voyez ce que je veux dire.

ARTHUR – Non, je suis désolé, je vois pas, non.

LÉODAGAN *(regardant Lancelot)* – Dès qu'il s'agit d'aller se faire dorer les miches en Armorique pour demander aux filles si elles ont pas vu le cul de lulu, là, il y a des volontaires !

LANCELOT – Sire, j'allais transmettre vos vœux à la fille du Roi Hoël !

LÉODAGAN – Voilà ! Par contre, quand il s'agit de se taper les accords de paix avec les Wisigoths, qui c'est qu'on envoie ?

ARTHUR – Mais vous pouvez pas arrêter de vous bouffer le nez sans arrêt pour des conneries… ?

LÉODAGAN – La paix avec les Wisigoths, c'est des conneries ?

ARTHUR – Vous êtes autour de la Table Ronde ; il serait temps de penser à être un peu solidaires ! Ces réunions sont sacrées, Bon Sang ! Elles sont là pour souder notre fraternité contre le Mal ! Rien ne doit se mettre en travers de notre communauté.

La porte s'ouvre, PERCEVAL entre.

Perceval *(affairé)* – Excusez… C'est juste pour vous dire : je vais pas pouvoir rester, aujourd'hui. Il faut que je retourne à la ferme de mes vieux. Il y a ma grand-mère qui a glissé sur une bouse ; c'est le vrai merdier…

3. INT. SALLE DE LA TABLE RONDE – ENSUITE

La réunion se poursuit.

Arthur – Bon allez, au boulot ! Ça évitera de penser au reste. Père Blaise ? L'ordre du jour !

Père Blaise – Aujourd'hui, j'ai rien.

Arthur – Comment ça rien ?

Père Blaise – On est une veille de pleine lune… Une veille de pleine lune, normalement, c'est relâche.

Tous amorcent un mouvement de départ.

Arthur – Holà, ho ! On se calme. C'est quoi, cette histoire de relâche ?

Père Blaise – C'est marqué noir sur blanc dans le nouveau code de Chevalerie.

Arthur – Le nouveau code ?

Père Blaise – Vous nous aviez dit de dépoussiérer l'ancien. Donc on a vu ça avec Messire Léodagan et…

Léodagan – C'était tout en ancien celte : on en a chié !

Arthur – Je vous ai rien demandé de dépoussiérer du tout, je vous ai demandé de le traduire, c'est tout !

Père Blaise – Justement, quand on a traduit, ça a donné : relâche.

Arthur jette un regard noir à Léodagan.

Léodagan – Oh, mais me regardez pas comme ça! Si vous êtes pas content, *(désignant les autres Chevaliers)* vous n'aviez qu'à vous les farcir, les négociations avec ces loustics, là!

Arthur *(tombant des nues)* – Négociations? Mais quelles négociations?

Léodagan – Bah, tant qu'ils comprenaient rien à l'ancien code, on pouvait leur raconter ce qu'on voulait, mais depuis qu'il a été traduit, alors là, pardon! Une pause par ci, une relâche par là, et puis « c'est intolérable! », et puis « un acquis est un acquis! »…

Arthur – Non mais il y a rien à négocier! Moi, les traîne-patins, je les remets au travail vite fait!!

Tous, soudain, commencent à se lever.

Arthur *(explosant)* – Asseyez-vous!

Les hommes se rasseyent.

Arthur – Enfin, mais qu'est-ce que c'est que ce cirque, aujourd'hui?

Père Blaise – Ça, c'est la traduction de l'article treize : « Si l'honneur du Chevalier est bafouée lors d'une assemblée, ce dernier pourra recourir à son droit de vidage. »

Arthur *(perplexe)* – Son droit de vidage?

Père Blaise – Oui, je suis d'accord avec vous, c'est pas la meilleure traduction…

4. INT. SALLE DE LA TABLE RONDE – PLUS TARD

Arthur, Léodagan et Père Blaise sont maintenant seuls dans la salle. La tension est palpable.

ARTHUR – Dites, je pense à un truc, là… Il faut bien qu'elle soit ratifiée par moi, cette nouvelle traduction ?

LÉODAGAN – Ratifiée… ?

ARTHUR – Je veux dire… validée, quoi !

PÈRE BLAISE – Oui, tout à fait !

ARTHUR – Donc, si je refuse de la signer…

PÈRE BLAISE – Là, c'est l'ancienne traduction qui s'applique.

LÉODAGAN – Avant de prendre une décision, il faut quand même voir les bons côtés…

ARTHUR *(ironique)* – Les bons côtés ?

LÉODAGAN – Oui, parce qu'avec le nouveau code, ils font plus de pauses… mais du coup, ils sont plus reposés ! Parce que moi, je pense aux combats !

ARTHUR – Moi, je pense que si on met pas le « holà » tout de suite, ils vont finir par nous les demander pendant le combat, les pauses…

Silence gêné des deux autres qui échangent un regard.

ARTHUR – Ils les ont déjà demandées, c'est ça ?

PÈRE BLAISE *(cherchant dans son registre)* – Article seize, alinéa quatre…

LÉODAGAN – Ouais, c'est ça. Sur les temps de pause.

ARTHUR – Bon ! Maintenant qu'on a fini avec les bons côtés de la nouvelle traduction… on peut peut-être la foutre en l'air et reprendre l'ancienne ?

FERMETURE

5. INT. SALLE DE LA TABLE RONDE – JOUR

Une nouvelle assemblée de la Table Ronde est en cours.

PERCEVAL – Mais je croyais qu'on y avait droit, à ça… L'article sept de je-sais-pas-quoi…

ARTHUR – Alors attention! Père Blaise? Article sept!

PÈRE BLAISE *(lisant)* –   « Qui sor mon cors mete flaele,
                             S'onques fors cil qui m'ot pucele
                             Out m'amistié encore nul jor! »

ARTHUR – Voilà! Ça répond à votre question?

PERCEVAL – Du coup, on y a plus droit…?

ARTHUR – Vous voulez qu'on vous relise l'article?

NOIR

PERCEVAL *(OVER)* – Non, non, je vous fais confiance.

47
Létal

A. ASTIER

3 CORS

1. INT. CHAMBRE D'ARTHUR – SOIR

ARTHUR, au lit à côté de son épouse, arbore une mine songeuse.

GUENIÈVRE *(remarquant la tête d'Arthur)* – Qu'est-ce qu'il y a qui va pas?

ARTHUR – Il y a une exécution, demain.

GUENIÈVRE – Je sais que vous aimez pas ça mais c'est qu'un mauvais moment à passer. Et puis le peuple vous verra un peu, au moins.

ARTHUR – Non, il y a plus de peuple aux exécutions. Fini. Maintenant, c'est privé. Juste Léodagan, Lancelot et Père Blaise.

GUENIÈVRE – Ho bah non, j'avais choisi ma toilette, tout! Je me faisais une joie de sortir!

OUVERTURE

2. INT. SALLE À MANGER – JOUR

GUENIÈVRE et SÉLI déjeunent.

Séli – Vous ferez rajuster votre coiffure, quand même, pour tout à l'heure.

Guenièvre – Pourquoi ? Qu'est-ce qui se passe tout à l'heure ?

Séli – Eh ben, la pendaison ! Vous allez pas y aller comme ça, on dirait que vous vous êtes coiffée toute seule.

Guenièvre – Mère, je me suis coiffée toute seule !

Séli – Bah voilà, du coup, vous ferez rajuster votre coiffure.

Guenièvre – De toute façon, j'y vais pas, à la pendaison.

Séli – Quoi ?

Guenièvre – Non, j'y vais pas.

Séli – Vous êtes pas bien ? S'il y a pas la Reine à une pendaison, qu'est-ce que les gens vont dire ?

Guenièvre – Les gens diront ce qu'ils voudront. D'autant qu'il y aura pas non plus le Roi, ni vous, ni personne.

Séli – Mais qu'est-ce qui vous prend ? Ça va pas bien !

Guenièvre – Le Roi a décidé que les pendaisons ne seraient plus ouvertes au public.

Séli – Mais pour qui il se prend, celui-là ? Ça fait cinq cents ans qu'on fait comme ça et lui, toujours plus malin que tout le monde, il change !

Guenièvre – C'est le Roi, c'est lui qui décide.

Séli – Non mais c'est dingue, cette histoire ! S'il veut pas aller aux pendaisons, il fait ce qu'il veut mais qu'il empêche pas les autres de s'amuser !

3. INT. SALLE DE LA TABLE RONDE – JOUR

Léodagan a demandé à voir Arthur et Lancelot.

LÉODAGAN – Moi, j'ai l'impression que ce qui vous échappe, c'est la notion de spectacle.

ARTHUR – J'ai jamais aimé qu'il y ait du public aux exécutions. Déjà, j'aime pas ça, les exécutions…

LANCELOT – Ah bon?

LÉODAGAN – Pourquoi? Qu'est-ce qui vous gêne?

ARTHUR – Je sais pas, j'aime pas ça. Je saurais pas vous dire pourquoi.

LÉODAGAN – Ah bah moi, je peux vous le dire : ça vous plaît pas parce qu'on doit être le dernier pays à pratiquer la pendaison! Voilà! Et à une pendaison, je m'excuse, mais on s'emmerde!

LANCELOT – C'est la justice. Ce qui compte, c'est le résultat.

ARTHUR – Ben, il me semble…

LÉODAGAN – La justice… me faites pas marrer. Ça dure des plombes, le type remue à peine les doigts de pieds! À quoi ça ressemble? je vous le demande!

ARTHUR – Ça ressemble à une pendaison! À quoi voulez-vous que ça ressemble d'autre? On va pas faire venir des danseuses et un montreur d'ours!

LANCELOT – La pendaison, c'est sobre et solennel. Moi je trouve ça parfait.

LÉODAGAN – Regardez la roue, par exemple. Ça, c'est festif. Le condamné est attaché et il faut commencer par lui casser les bras et les jambes. Bon, eh ben tout le monde peut venir avec son bâton. Les gens participent, c'est convivial.

LANCELOT – C'est atroce.

LÉODAGAN – Pas du tout.

ARTHUR – Ah si, ça craint, attendez. On passe pour être un pays moderne…

LÉODAGAN – Un pays bourré de délinquance! Les types ont pas assez peur! La pendaison, ça a jamais impressionné personne! Tandis que vous prenez l'écartèlement…

LANCELOT – Ah, voilà! Ça, oui! Ça, c'est super.

ARTHUR *(écœuré)* – Ah non… Non, ça, c'est la gerbe, ça.

LANCELOT – Oui mais il y a un suspens. Les gens se demandent si c'est les jambes ou les bras qui vont lâcher en premier…

LÉODAGAN *(à Arthur)* Bah oui, ça a un peu de gueule, au moins! Vous, on se demande bien ce qui vous plairait!

ARTHUR – Ben… Moi, je vais vous dire – ça va vous sembler con mais… – j'avais pensé à un truc : si on était la première nation au monde à ne plus condamner à mort?

LÉODAGAN et LANCELOT se regardent.

LÉODAGAN – Sire, je suis désolé de vous presser mais j'ai une diligence dans une heure et il faut qu'on ait bouclé! J'ai pas le temps de raconter des conneries.

ARTHUR est déçu et un peu gêné.

4. INT. SALLE À MANGER – JOUR

ARTHUR et LÉODAGAN déjeunent.

LÉODAGAN – Moi, je vous propose un truc. Un de ces jours, on se fait une petite virée en Gaule, vous et moi. Comme ça, on voit un peu ce qui se fait ailleurs, rien que pour piocher des idées.

ARTHUR – Piocher des idées de quoi?

LÉODAGAN – Ben, pour les exécutions…

ARTHUR *(se tapant sur la tête)* – Ah, non mais vous êtes comme ça, hein!

LÉODAGAN – Soyez pas borné!

ARTHUR – Vous êtes pas borné, vous? Je vous dis que j'aime pas les exécutions, il faut que j'aille en Gaule, maintenant!

LÉODAGAN – Mais c'est juste pour voir!

ARTHUR – C'est tout vu! Déjà que j'aime pas voyager, alors là, pour aller voir des types se faire dézinguer, merci bien!

LÉODAGAN – Vous avez tort de pas vouloir régler le problème! Si on veut rester le pays le plus puissant, il faut qu'on ait des exécutions spectaculaires! Vous passerez pas à côté!

ARTHUR – Eh ben si, figurez-vous! Je vais décréter que l'Île de Bretagne est la première nation où la peine de mort n'existe plus!

LÉODAGAN reste une seconde choqué.

ARTHUR *(reprenant ses esprits)* – Je sais, je sais. Excusez-moi, c'est sorti comme ça, je vais pas le faire. Mais l'idée me plaît, si vous voulez…

LÉODAGAN – Sinon, ce que je peux vous proposer, on attache le condamné et on le balance sur un nid de frelons. C'est propre, c'est sain… rien que du naturel.

FERMETURE

5. INT. CHAMBRE D'ARTHUR – SOIR

ARTHUR et GUENIÈVRE sont au lit.

GUENIÈVRE – Alors?

ARTHUR – On garde la peine de mort.

GUENIÈVRE – Vous vous êtes résigné ?

ARTHUR – Parce que j'ai pas eu le choix. N'empêche que ça aurait été sacrément classe ! Soi-disant que les gens sont pas prêts…

GUENIÈVRE – Pas de peine de mort, c'est vrai que c'est déroutant…

ARTHUR – C'est l'avenir, c'est tout. Faites-moi confiance.

NOIR

ARTHUR *(OVER)* – Dans cinq ou dix ans, il y a plus que les barbares qui le feront.

48
Azénor

A. ASTIER

3 CORS

1. INT. COULOIRS – JOUR

*ARTHUR et BOHORT s'apprêtent à entrer dans la
salle du Trône.*

ARTHUR – C'est quoi maintenant ?

BOHORT – On reçoit la jeune fille qui doit devenir votre
nouvelle maîtresse.

ARTHUR – Ah, très bien. *(se tournant vers Bohort)* Ça va,
je suis pas trop…

*BOHORT essaie d'extirper un accroche-cœur à la
chevelure du Roi. LANCELOT arrive.*

ARTHUR *(à Lancelot)* – Vous avez un commentaire à
faire ?

LANCELOT – J'ai rien dit !

OUVERTURE

2. INT. SALLE DU TRÔNE – JOUR

*ARTHUR, BOHORT et LANCELOT reçoivent AZÉNOR, la
jeune femme qu'ils ont convoquée.*

AzÉNOR – On m'a dit de venir mais on m'a pas dit pourquoi.

Les hommes ont le sourire aux lèvres.

LANCELOT – Vous vous nommez bien Azénor?

AzÉNOR – Oui.

LANCELOT – Vous vous trouviez bien à la fête des Quatre Forêts il y a deux semaines?

AzÉNOR – Oui.

BOHORT – Et c'est là que vous avez eu la chance de rencontrer le Roi Arthur!

AzÉNOR – Rencontré… Je lui ai amené du raisin… On a un peu discuté.

BOHORT – Comme quoi, le raisin, ça mène à tout!

ARTHUR *(gêné)* – Arrêtez…

LANCELOT – Eh bien mademoiselle, j'ai le plaisir de vous annoncer que le Roi Arthur vous a désignée comme nouvelle maîtresse, faisant de vous une des femmes les plus importantes du Pays.

BOHORT – Félicitations!

Azénor est un peu perdue.

AzÉNOR – Non merci.

Les hommes se regardent. Arthur est surpris.

LANCELOT – Mais mademoiselle, ce n'est pas offre qui se décline…

BOHORT – C'est comme ça, c'est décidé…

ARTHUR *(choqué)* – Non non mais c'est bon… Ça fait rien, tant pis.

3. INT. SALLE DU TRÔNE – ENSUITE

> *Bohort et Lancelot tentent de convaincre Azénor tandis qu'Arthur reste pensif et absent, encore sous le choc du refus de la jeune femme. Bohort est très en colère.*

Bohort *(sévère)* – Mais enfin mademoiselle, est-ce qu'on peut vous demander ce qu'il y a qui ne tourne pas rond chez vous, aujourd'hui ?

Azénor – Mais rien, tout va bien ! Seulement je me suis toujours débrouillée pour pas faire le tapin, c'est pas maintenant que je vais commencer !

Lancelot – Mais qui vous parle de tapin ?

Azénor – Ne me prenez pas pour une tanche ! Ça commence avec le Roi et puis après on se retrouve à passer de chambre en chambre !

Arthur *(timide)* – Non non, c'était pas ça. Enfin, ça fait rien.

Bohort *(à Azénor)* – Nous ne sommes pas en train de vous proposer une place de danseuse de table, non d'un chien !

Lancelot – Nombre de demoiselles à votre place vendraient leur mère pour se voir offrir un tel honneur !

Azénor – Les autres, elles font ce qu'elles veulent. Moi, je suis désolée, Sire, on se connaît pas… Physiquement, bon, vous… Sans être totalement repoussant, il y a pas de quoi bousculer une charrette…

Bohort – Vous vous prenez peut-être pour un modèle de gravure !

Azénor – Non mais c'est à moi qu'on demande, là.

Lancelot – Justement non, on ne vous demande pas ! C'est un ordre !

ARTHUR *(à Lancelot)* – Non, non mais laissez tomber. Ça lui dit rien, ça lui dit rien, c'est tout.

BOHORT – C'est sûr que si vous y tenez pas plus que ça...

AZÉNOR – Non et puis « choisie »... Tout dépend ce qu'on appelle « choisie »! Il y en a combien des maîtresses officielles, en ce moment, qui ont eu « la chance de leur vie », comme moi? Cent? Deux cents?

ARTHUR – Ah non...

BOHORT – Ma pauvre fille... Vous êtes vraiment à côté de vos sandales.

LANCELOT – Six ou sept, tout au plus.

AZÉNOR *(surprise)* – Pas plus que ça?

BOHORT – Non, ma petite dame.

AZÉNOR *(à Arthur)* – Ah mais vous m'avez vraiment choisie, alors?

ARTHUR *(très timide)* – Bah ouais... Parce qu'on s'était marrés, en plus. Vous m'aviez amené du raisin puis j'avais fait un jeu de mots avec les... *(se reprenant)* Ouais enfin, là, sorti de son contexte, ça va être nul.

4. INT. SALLE À MANGER – SOIR

ARTHUR et AZÉNOR dînent en tête-à-tête.

AZÉNOR *(mangeant beaucoup)* – Mettons que je sois d'accord, qu'est-ce que j'aurai pas le droit de faire?

ARTHUR *(ne mangeant rien)* – Mais vous faites ce que vous voulez!

AZÉNOR – Qui c'est qui me donne des ordres?

ARTHUR – Personne. La Reine, un peu. Mais elle est pas chiante.

AZÉNOR – Et si un soir, j'ai pas envie, qu'est-ce qu'on fait?

ARTHUR – Bah rien. Qu'est-ce que vous voulez qu'on fasse?

AZÉNOR – Et si un jour je m'ennuie ou je suis pas bien, je peux partir?

ARTHUR – Mais évidemment, vous êtes pas en taule!

AZÉNOR – J'ai quatre enfants à moi. Je peux les amener?

ARTHUR – Bien sûr, oui. Avec plaisir.

AZÉNOR – Bon d'accord, je reste. Sinon, il y a moyen de devenir Reine?

ARTHUR – Heu, non. A priori… Sauf si la Reine meurt.

AZÉNOR – Il faut qu'elle meure de mort naturelle ou peu importe?

ARTHUR – Ben, je sais plus… Il faudrait que je regarde… Pourquoi?

AZÉNOR – Non mais on verra ça plus tard.

FERMETURE

5. INT. CHAMBRE D'ARTHUR – NUIT

ARTHUR, pensif, est au lit avec GUENIÈVRE qui brode.

GUENIÈVRE – Elle est très jolie, votre nouvelle maîtresse.

ARTHUR – Merci.

GUENIÈVRE – Vous vous êtes toujours débrouillé pour être avec des belles femmes, vous.

ARTHUR se retourne vers GUENIÈVRE.

GUENIÈVRE *(méfiante)* – Vous avez un commentaire à faire?

ARTHUR – J'ai rien dit!

NOIR

ARTHUR *(OVER)* – Ça va bien, la parano!

49
Le Sort de Rage

A. ASTIER

3 CORS

1. EXT. CRÉNEAUX – JOUR

ARTHUR et LANCELOT sont éreintés par une interminable discussion avec GUETHENOC.

GUETHENOC – Bon. Alors soit je pars sur huit, dix acres d'endives et le reste en orge… ou alors, j'arrache l'orge et je fais tout endives.

ARTHUR – Je sais pas quoi vous dire, moi… Faites ce que vous voulez.

GUETHENOC – Tout endives, après… faut aimer les endives, quoi!

LANCELOT – Bon ben… partons pour tout endives. Merci de votre visite, Guethenoc.

GUETHENOC – Bonne chance pour la bataille de demain, Sire! J'espère que vos hommes seront bien vaillants!

ARTHUR – Mes hommes? Bien vaillants? *(après un regard à Lancelot)* Allez vous occuper de vos endives. Ça vous évitera de dire des conneries.

OUVERTURE

2. EXT. COLLINE DE COMMANDEMENT – JOUR

ARTHUR, LÉODAGAN, LANCELOT et KAY surplombent les combats.

ARTHUR – Mais qu'ils sont mous aujourd'hui! C'est pas vrai! Qu'est-ce qu'ils ont bouffé?

LANCELOT – C'était pourtant frugal, Sire. Des galettes de maïs avec un morceau de viande séchée…

ARTHUR – Frugal, vous vous foutez de moi? Regardez-moi ça, ils se traînent!

LÉODAGAN – Ce que vous ne savez pas, c'est qu'à force de faire frugal et de crever de faim, dès qu'ils tombent sur des mûres ou des fraises des bois, ils s'en font sauter le bide. Alors après, évidemment, ils sont ballonnés.

ARTHUR – Non mais il faut faire quelque chose, là!

LANCELOT – C'est sûr que s'ils se mettent pas un coup de fouet…

LÉODAGAN – Moi, je vois pas de quoi se faire du souci.

ARTHUR – Vous pensez qu'on peut encore gagner?

LÉODAGAN – Ah non, tout de suite! Mais je veux dire, je vois pas de quoi se faire plus de souci que d'habitude… On va s'en prendre une, c'est tout.

ARTHUR – Vous me dites qu'ils sont ballonnés parce qu'ils ont bouffé des fraises!

LÉODAGAN – Aujourd'hui c'est les fraises et demain ce sera autre chose! Ballonnés ou pas, ils sont zéro de tout façon! C'est pas la peine de s'en prendre aux fraises!

3. EXT. COLLINE DE COMMANDEMENT – PLUS TARD

Arthur a fait venir Merlin.

Merlin – Je vois pas ce que vous leur trouvez de spécial, moi, à vos gars!

Arthur – Ils sont mous!

Merlin – Bah ça a rien de spécial!

Arthur – Bon! C'est pas des commentaires, que je vous demande!

Lancelot – Est-ce que vous pouvez tenter quelque chose?

Merlin – Vous me faites rire, vous! Quel genre de chose?

Léodagan – Quelque chose pour les rendre moins mous.

Merlin – Un Sort de Rage, à la limite…

Léodagan – Un quoi?

Merlin – Un Sort de Rage. Je balance ça là-dedans et ça les fout en rogne pour une dizaine de minutes.

Lancelot – C'est peut-être pas mal, ça…

Merlin – Le problème c'est qu'il faudrait isoler nos gars dans un coin le temps du sort, sinon je vais enrager les ennemis avec et ça servira à rien.

Lancelot *(à Kay)* – Appel.

Kay sonne la corne.

Lancelot – Drapeaux en « V » retourné.

Kay exécute la figure.

Léodagan – Ils s'isolent pas, là!

LANCELOT – Ils ont pas compris…

ARTHUR – Alors quoi, qu'est-ce qu'ils foutent?

LANCELOT *(à Kay)* – Drapeaux en « V » retourné, c'est pas le signal de regroupement?

KAY – Si mais ils ont pas l'habitude. Le seul signe qu'ils connaissent bien, c'est la retraite!

ARTHUR *(à Merlin)* – Bon, ça fait rien! Balancez le sort quand même!

LANCELOT – Mais les ennemis, Sire! Ils vont s'enrager aussi!

ARTHUR – Les ennemis, ils sont déjà enragés, de toute façon! Ça mettra les nôtres au niveau!

LÉODAGAN – Moi, j'ai peur qu'on fasse une connerie.

MERLIN – Attention, le Sort de Rage, c'est pas un sort de fillette, hein! J'en ai vu qui se bouffaient leur propre bras, tellement ils étaient énervés!

ARTHUR – Balancez votre truc et qu'ils se bouffent entre eux, tous! Les leurs, les nôtres… Au moins, il se passera quelque chose!

MERLIN lève les mains au ciel et s'apprête à lancer son sort : une sphère rouge flamboyante et stridente.

4. EXT. COLLINE DE COMMANDEMENT – ENSUITE

Les Chefs de Guerre observent les effets du sort de MERLIN.

ARTHUR – Vous les trouvez toujours mous du genou ou c'est moi qui fait une fixette?

LANCELOT – Sans être totalement mous…

LÉODAGAN – Je crois que ce serait un peu se foutre du monde de dire qu'ils sont enragés.

KAY – À la limite, ils ont un petit côté vexé qu'ils avaient pas tout à l'heure.

ARTHUR – Ah, super! *(à Merlin)* Vous me les avez fait bouder, la victoire est proche!

MERLIN – Attendez deux secondes que ça fasse effet!

KAY – Ah, ça va mieux, là! Non?

LANCELOT – Ah, ça se remue, on dirait!

LÉODAGAN – Ah oui, ils chopent les boules, là! Clairement!

MERLIN – C'est parti!

ARTHUR *(surpris par un acte violent)* – Houlà! La vache, je les ai jamais vus si féroces!

KAY – Les autres sont bien remontés, aussi.

Les hommes sont pris d'une crainte.

LANCELOT – Heu… par contre, là, ils viennent sur nous.

ARTHUR – Lesquels?

LÉODAGAN – Ben tous.

MERLIN – OK, il faut se tirer, là.

Les soldats hurlent et montent à l'assaut de la colline. ARTHUR et ses Chefs fuient.

ARTHUR – Retraite! Retraite!

FERMETURE

5. EXT. CRÉNEAUX – JOUR

ARTHUR et LANCELOT sont de nouveau en conversation avec GUETHENOC.

GUETHENOC – Bon, c'est vrai qu'il y a un petit surplus de production ; je vais pas vous mentir. Mais c'est bon, les endives ! Vous les faites revenir avec une petite tranchette de lard…

LANCELOT *(le coupant)* – C'est bon, Guethenoc… on encouragera les gens à manger des endives. Vous pouvez disposer.

GUETHENOC – Juste une chose, Sire… Il y a un bruit qui court au village… On arrive pas à savoir si vous avez gagné la bataille ou si vous l'avez perdue…

LANCELOT – Ça dépend qui… Nos soldats, oui, ils l'ont gagnée.

NOIR

ARTHUR *(OVER)* – Nous, par contre, on s'est fait défoncer nos mouilles.

50
Les Nouveaux Frères

A. Astier

3 CORS

1. INT. CHAMBRE D'YVAIN – MATIN

Séli entre dans la chambre d'Yvain en trombe.

Séli – Allez debout! Vous n'allez pas encore vous lever au milieu de l'après-midi comme hier! *(soudain)* Mais… Qu'est-ce que c'est que cette odeur insupportable?

Yvain – C'est hier soir avec Gauvain. On s'est brûlé les poils des jambes avec une bougie.

Séli – Mais pourquoi faire, bande de marteaux?

Yvain – Les poils aux jambes, ça fait vraiment trop nul.

OUVERTURE

2. INT. SALLE DE LA TABLE RONDE – JOUR

Arthur reçoit Léodagan, Séli, Yvain et Gauvain.

Arthur – Bon. Nous sommes ici pour discuter – calmement! – d'une proposition faite par mon neveu Gauvain concernant une… une coopération entre lui et Yvain. Je ne me trompe pas?

GAUVAIN – Non mon oncle, c'est bien ça.

ARTHUR – Très bien. Yvain ! Alors, c'est vrai qu'on se connaît moins, il y a pas le côté famille, tout ça… ce que j'aurais aimé savoir…

SÉLI *(le coupant)* – C'est quand même votre beau-frère !

ARTHUR – De quoi ?

YVAIN – Puisque je suis le frère de la Reine…

ARTHUR – Ah oui, c'est vrai. *(à lui-même)* J'arrive pas à m'y faire, à ça. *(aux autres)* Bref. Est-ce que vous, Yvain, seriez éventuellement séduit par la possibilité de former ce qu'on pourrait appeler un « binôme » de Chevaliers avec votre ami Gauvain ?

YVAIN – C'est à dire ?

ARTHUR *(après réflexion)* – Comment « c'est à dire ? » Bah, ce que je viens de dire !

YVAIN – Vous pouvez répéter ?

ARTHUR se tourne vers SÉLI et LÉODAGAN.

SÉLI – Ah bah, c'est pas des flèches, hein !

3. INT. SALLE DE LA TABLE RONDE – ENSUITE

ARTHUR tente de tenir son rôle de médiateur.

ARTHUR *(à Yvain)* – Partir à l'aventure avec votre copain Gauvain, ça vous plairait ?

YVAIN – Ah ouais, ce serait hyper !

Les deux jeunes Chevaliers gloussent comme des dindes et se tapent dans la main.

ARTHUR – Voilà. Alors moi, vis-à-vis de mon neveu, je fais un peu office de tuteur et je donne mon accord de principe sur votre coopération pour sa part à lui. Mais pour vous – et c'est bien normal, j'espère que vous le comprendrez – j'ai fait venir vos…? *(pas de réponse d'Yvain)* Parents !

YVAIN – Ah ouais !

ARTHUR – Voilà ! Pour que eux donnent leur accord vous concernant. Donc, allons-y… *(aux parents)* Est-ce que vous êtes d'accord ?

LÉODAGAN ET SÉLI – Non.

YVAIN *(soufflant)* – J'en étais sûr.

ARTHUR – Ah ouais. Mais… quand même, est-ce que je peux vous demander pourquoi ?

LÉODAGAN – Parce que je pense pas que deux trous-du-cul soient plus efficaces qu'un seul.

ARTHUR – Mais encore ?

SÉLI – C'est très bien de vouloir le mettre avec quelqu'un. Mais à ce compte-là, il faut que ce soit quelqu'un de plus mûr que lui, qui lui apprenne les ficelles !

LÉODAGAN – Il faut lui trouver un meneur, un dur à cuire ! Qui se laisse pas impressionner par les jérémiades ! Nous, on n'a rien contre votre neveu… mais il m'a pas l'air plus futé qu'un autre !

GAUVAIN – Mon oncle, n'est-ce pas vous-même qui m'avez dit que rien ne remplaçait une véritable amitié et qu'en cas d'urgence, c'était la seule corde à laquelle on pouvait vraiment se raccrocher ?

ARTHUR – Peut-être, oui.

GAUVAIN – Ah moi, je m'en souviens.

ARTHUR – Oui mais moi, des fois, quand je vous parle, j'essaie de faire des phrases un peu… Mais là, c'est du concret. C'est vrai qu'en un sens, vous êtes deux jeunes gens…

LÉODAGAN – Deux cons.

ARTHUR – Non, deux Chevaliers peu expérimentés…

LÉODAGAN – Deux cons!

ARTHUR réfléchit.

ARTHUR – Peut-être, après je sais pas, je vous connais pas assez.

4. INT. SALLE DE LA TABLE RONDE – ENSUITE

ARTHUR se décide à trancher.

ARTHUR – Écoutez, je vais me servir un peu de mon autorité suprême – une fois de temps en temps, ça fait pas de mal – je prends la responsabilité d'une période d'essai…

Les jeunes Chevaliers sont fous de joie, ils se tapent à nouveau dans la main.

LÉODAGAN – Attendez…

ARTHUR – Non mais laissez-moi finir! Période d'essai durant laquelle ces jeunes Chevaliers devront se distinguer par un fait d'armes quelconque, le succès d'une Quête qui apporterait quelque prestige à la Table Ronde. Voilà, c'est décidé.

SÉLI – Nous, on n'a plus qu'à se taire?

ARTHUR – Pour une fois…

LÉODAGAN – Ils savent même pas monter à cheval!

SÉLI – Monter à cheval? Mais il sait même pas compter, le nôtre.

GAUVAIN – Ah bah, moi non plus…

ARTHUR – Eh ben vous apprendrez sur le tas, comme tout le monde. Sinon, est-ce que vous avez des questions ?

GAUVAIN et YVAIN réfléchissent.

ARTHUR – Prenez votre temps.

YVAIN – Est-ce qu'on a le droit de boire du cidre ?

FERMETURE

5. INT. CHAMBRE D'YVAIN – JOUR

SÉLI entre dans la chambre et pose un bol de flocons d'avoine trempés dans le lait à côté de son fils.

SÉLI – Voilà ! Et tâchez de vous démener ! Gauvain est déjà en-bas qui vous attend avec les chevaux !

YVAIN *(agacé)* – Mais j'y vais, c'est bon !

SÉLI sort. YVAIN prend une bouchée de céréales.

SÉLI *(OFF)* – Qu'est-ce que vous avez fait de votre bouclier ?

NOIR

YVAIN *(OVER)* – Je le prends pas, le bouclier, ça fait trop nul !

9928
Composition
IGS

Achevé d'imprimer en Slovaquie
par NOVOPRINT SLK
le 13 juillet 2012.

Dépôt légal mars 2012.
EAN 9782290034781

ÉDITIONS J'AI LU
87, quai Panhard-et-Levassor, 75013 Paris

Diffusion France et étranger : Flammarion